Advogados Vogais do Conselho Superior da Magistratura
— uma questão de constitucionalidade

SUSANA FARIA MALTEZ
Assistente Estagiária da Faculdade de Direito
da
Universidade de Lisboa

Advogados Vogais do Conselho Superior da Magistratura
— uma questão de constitucionalidade

Prefácio do Professor Doutor J. Dias Marques

ALMEDINA

TÍTULO:	ADVOGADOS VOGAIS DO CONSELHO SUPERIOR DA MAGISTRATURA —UMA QUESTÃO DE CONSTITUCIONALIDADE
AUTOR:	SUSANA FARIA MALTEZ
EDITOR:	LIVRARIA ALMEDINA – COIMBRA www.almedina.net
DISTRIBUIDORES:	LIVRARIA ALMEDINA ARCO DE ALMEDINA, 15 TELEF. 239 851900 FAX 239 851901 3004-509 COIMBRA – PORTUGAL LIVRARIA ALMEDINA – PORTO RUA DE CEUTA, 79 TELEF. 22 2059773 FAX 22 2039497 4050-191 PORTO – PORTUGAL EDIÇÕES GLOBO, LDA. RUA S. FILIPE NERY, 37-A (AO RATO) TELEF. 21 3857619 FAX 21 3844661 1250-225 LISBOA – PORTUGAL LIVRARIA ALMEDINA ATRIUM SALDANHA LOJA 31 PRAÇA DUQUE SALDANHA, 1 TELEF. 231712690 atrium@almedina.net
EXECUÇÃO GRÁFICA:	G.C. – GRÁFICA DE COIMBRA, LDA. PALHEIRA – ASSAFARGE 3001-453 COIMBRA E-mail: producao@graficadecoimbra.pt MARÇO, 2001
DEPÓSITO LEGAL:	163447/01
	Toda a reprodução desta obra, por fotocópia ou outro qualquer processo, sem prévia autorização escrita do Editor, é ilícita e passível de procedimento judicial contra o infractor.

PREFÁCIO

Constitui garantia constitucional decorrente do princípio da separação dos poderes a atribuição a um órgão independente — o Conselho Superior da Magistratura — das funções de gestão dos titulares do Poder Judicial. Sobre os juízes, cuja hierarquia é coroada no vértice pelo Supremo Tribunal de Justiça, aquele Conselho tem poderes de nomeação, colocação, transferência e promoção; assim como sobre eles tem o poder disciplinar (CRP, 217.º).

Este Conselho é composto por dezasseis vogais; e, no louvável propósito de obviar à corporativização do aparelho judicial, apenas sete deles são obrigatoriamente juízes. Quanto aos restantes nove (dois designados pelo Presidente da República e sete eleitos pela Assembleia da República), podem eles ser quaisquer cidadãos.

Estes vogais do Conselho Superior da Magistratura assim designados podem provir de quaisquer quadrantes da vida social: académicos, juristas, políticos, sociólogos, economistas ou quaisquer outros que possam enriquecer a actividade do Conselho com a sua visão exterior ao aparelho judiciário.

Acontece, entretanto, que, com alguma frequência, as pessoas assim nomeadas para integrar o Conselho são advogados.

A este respeito importa notar que nenhum entrave hão--de sofrer esses advogados quando exercem a sua profissão junto de Tribunais não dependentes do Conselho Superior da Magistratura, e muito menos quando fazem consulta jurídica ou actuam junto de quaisquer outras entidades, sejam privadas ou públicas, e entre estas, nomeadamente, as autoridades administrativas ou os cartórios notariais.

Onde, porém, se levantam delicados problemas de constitucionalidade e de deontologia é quando tais advogados surgem a pleitear perante juízes eles próprios dependentes do Conselho Superior da Magistratura. Surge então um entrecruzamento de actividades e funções que levanta problemas específicos.

Em tais casos, o juiz julga e decide sobre os interesses patrocinados pelo advogado vogal do CSM. E, por sua vez, o advogado vogal do CSM tem, no âmbito deste Conselho, uma palavra a dizer sobre a carreira e actividade do juiz...

No decorrer da nossa ligação ao mundo do foro deparámos por duas vezes com situações deste tipo.

A primeira foi quando um juiz em princípio de carreira nos confidenciava o constrangimento que sentia por ter de julgar uma acção, aliás de pequena monta, em que o advogado de uma das partes apresentava no processo os seus requerimentos em papel timbrado do qual constava a dupla qualidade de advogado e vogal do Conselho Superior da Magistratura.

A outra, mais grave, foi quando em primeira instância criminal um colectivo de juízes — um dos quais fragilizado por processo disciplinar pendente no Conselho Superior da Magistratura —, ao decidir sobre a acusação formulada por advogado que era vogal do Conselho Superior da Magistratura, aplicou ao réu pesada pena. O condenado só veio a encontrar remédio e salvação quando, em via de recurso, o julgamento veio a ser anulado...

Em conclusão do seu Curso de Estágio para ingresso na Ordem dos Advogados, a Dr.ª Susana Maltez, de quem fui patrono, tinha o encargo de escrever e defender uma dissertação sobre matéria de deontologia profissional.

Sugeri-lhe, então, que se ocupasse do delicado problema dos advogados vogais do Conselho Superior de Magistratura quando vêm à barra de Tribunais deste Conselho Superior dependentes.

Tal foi o condicionalismo em que surgiu o presente estudo.

Nele, a jovem Autora procura, com brilho e empenhamento, encontrar vias de solução para este espinhoso problema. E fá--lo sob o tríplice aspecto da (des)conformidade com a Constituição, da imparcialidade dos juízes e da deontologia dos advogados.

A actualidade e relevância deste tema, assim como a forma equilibrada e objectiva com que é tratado, fazem com que este estudo não seja apenas um rotineiro relatório para uso das provas finais de estágio.

De facto, a Autora trata com valiosa argumentação o tema que por mim lhe foi sugerido; e fá-lo em termos que por certo hão-de concitar o interesse de quantos vêem o aparelho judiciário não como mera soma articulada da actividade de magistrados e funcionários, mas como uma entidade viva e actuante cuja finalidade última há-de ser a realização da Justiça. Sendo certo que, sem a garantia da imparcialidade, não há Justiça que tal nome mereça.

J. DIAS MARQUES

CAPÍTULO I
INTRODUÇÃO

> "Servir la Justice comme magistrat ou comme défenseur, cela doit, aujourd'hui plus que jamais, créer une communauté d'idéal."
>
> JACQUES HAMELIN

As relações entre o poder judicial e outros poderes aparece, neste último ano do século, como uma área problemática na realização do Estado de Direito. O constitucionalismo moderno produziu a superação do clássico sistema de tripartição de poderes e deu lugar a um mecanismo muito mais complexo, fundado numa pluralidade de centros de poder estatais e extra-estatais que cooperam e se contrapõem, legitimando a afirmação de que a administração da justiça permanecerá como um dos mais prementes problemas nas transformações por que passam as modernas democracias. Sendo certo que, sem as devidas cautelas, se podem acolher soluções susceptíveis de colidirem com garantias básicas da independência dos tribunais, destruindo, por tal via, o importante capital acumulado em defesa de um novo conceito de cidadania e do aprofundamento da legitimidade do Estado ([1]).

Está hodiernamente generalizado o sentimento da existência de uma crise nos sistemas judiciários e de que urge fazer reformas, ainda que não se saiba bem em que sentido e com que objectivos. E a verdade é que são raros os países com sistemas capazes de garantir uma Justiça não só célere e efi-

---

([1]) Cf. José N. da Cunha Rodrigues, *Modelos de governo do poder judicial: alternativas*, **RMP,** Abril/Junho de 1994, pp. 11-12.

caz como independente — atributos sem os quais não é, em rigor, legítimo falar de tal valor.

Sendo múltiplas as causas desta situação, propomo-nos neste trabalho reflectir sobre apenas um dos diferentes aspectos que exigem célere reparação e que, ao integrar a própria essência da Justiça, mereceu prioridade — aspecto directamente conexo com a aludida ideia de independência, entendida aqui na dupla acepção de garantia de imparcialidade com que os tribunais devem ser dotados na sua função de declaração do direito e de outorga de instrumentos efectivos de limitação do poder ([2]).

([2]) Sobre a mencionada dupla acepção do princípio da independência, vd. *infra,* capítulo II.

CAPÍTULO II
A FUNÇÃO JURISDICIONAL E O PRINCÍPIO DA IMPARCIALIDADE

A função jurisdicional encontra-se obviamente vinculada à Constituição, que a rege directa e imediatamente quanto aos elementos contidos na sua definição, consistindo esta, segundo se retira da Lei Fundamental, na defesa dos direitos e interesses legalmente protegidos dos cidadãos, na repressão da violação da legalidade vigente e na dirimição dos conflitos de interesses privados, ou públicos e privados, ou mesmo de interesses todos eles públicos, através de órgãos entre si independentes, colocados numa posição de passividade e imparcialidade e tendo por titulares pessoas singulares dotadas de um estatuto de inamovibilidade e irresponsabilidade adequado a garantir a sua independência perante terceiros.

A essência desta função constitucionalmente instituída surge desde logo plasmada no artigo 203.º da Lei Fundamental, que estatui serem os tribunais independentes e apenas sujeitos à lei ([3]), estruturando-se, em consequência, nos artigos seguintes da Constituição — e, subordinadamente, na lei — a organização judiciária em torno da busca da independência dos tribunais e da tutela do direito de defesa, em ordem a assegurar as máximas garantias de objectiva imparcialidade da jurisdição, pressuposto da boa justiça e da liberdade ([4]).

Torna-se, de facto, incontornável a constatação de que o princípio da imparcialidade — embora implicitamente — per-

---

([3]) Abrangendo-se com esta última palavra todas as fontes de direito constitucionalmente admitidas, a observar em conformidade com o princípio da hierarquia normativa.

([4]) Cf. Germano Marques da Silva, **Curso de Processo Penal,** Lisboa, 1993, pp. 107 e segs.

passa toda a regulamentação constitucional da justiça, pertencendo à ordem jurídica positiva e constituindo um importante fundamento para a interpretação, o conhecimento e a aplicação do direito positivo ([5]) ([6]), aflorando, sem margem para discordância, nomeadamente nos artigos 202.º, 203.º e 216.º Tais assunções são facilmente demonstráveis, como confirmaremos de imediato: relativamente ao primeiro preceito mencionado ([7]), temos por assente que a imparcialidade é uma

---

([5]) Tenha-se ainda em conta a profunda influência da Declaração Universal dos Direitos do Homem na nossa Lei Fundamental. Como bem entende Jorge Miranda, **Manual de Direito Constitucional,** IV, Coimbra, 1993, p. 146, o artigo 16.º, n.º 2, da CRP situa os direitos fundamentais no contexto da Declaração, mais vasto e sólido do que o da Constituição em sentido instrumental, impregnando-a assim "dos princípios e valores da Declaração como parte da ideia de Direito à luz da qual todas as normas constitucionais — e, por conseguinte, toda a ordem jurídica portuguesa — têm de ser pensadas e postas em prática". Ora, no seu artigo 10.º, a Declaração consagra que "toda a pessoa tem direito, em plena igualdade, a que a sua causa seja equitativa e publicamente julgada por um tribunal independente e imparcial que decida dos seus direitos e obrigações ou das razões de qualquer acusação em matéria penal que contra ela seja deduzida".

([6]) Também os grandes textos internacionais relativos aos Direitos do Homem insistem no valor da imparcialidade. Na linha da DUDH, o artigo 14.º, n.º 1, do Pacto Internacional sobre os Direitos Civis e Políticos (aprovado para ratificação pela Lei n.º 29/78, de 12 de Junho) estatui: *"Todos são iguais perante os tribunais de justiça. Todas as pessoas têm direito a que a sua causa seja ouvida equitativa e publicamente por um tribunal competente, independente e imparcial [...]"* Ainda o artigo 6.º, n.º 1, da Convenção Europeia dos Direitos do Homem (aprovada, para ratificação, pela Lei n.º 65/78, de 13 de Outubro) dispõe: *"Qualquer pessoa tem direito a que a sua causa seja examinada, equitativa e publicamente, num prazo razoável por um tribunal independente e imparcial [...]"*

([7]) O artigo 202.º, tendo por epígrafe a expressão "Função jurisdicional", no seu n.º 1, estabelece: "Os tribunais são os órgãos de soberania com competência para administrar a justiça em nome do povo." Seguidamente, no n.º 2, considera: "Na administração da justiça incumbe aos tribunais

conotação fundamental da jurisdição, se não a própria essência de tal função, na medida em que se impõe concluir que uma alteração do equilíbrio dos interesses em causa se traduz numa substancial desigualdade das partes face ao órgão judicativo, tendo todo o sentido invocar a violação do princípio da defesa quando as partes não forem colocadas, pelo menos tendencialmente, em posições de paridade simétrica.

O já mencionado artigo 203.º, por seu turno, ao sujeitar os tribunais exclusivamente à lei, interdita logicamente o afastamento desta em nome de interesses ou motivos pessoalmente relevantes para o juiz.

Atente-se ainda que a própria estatuição constitucional, neste artigo, da regra de independência dos tribunais, embora tradicionalmente associada somente às ideias, por um lado, da separação do sistema judicial em relação a outros órgãos do Estado ([8]), e por outro, da independência dos juízes no

---

assegurar a defesa dos direitos e interesses legalmente protegidos dos cidadãos, reprimir a violação da legalidade democrática e dirimir os conflitos de interesses públicos e privados." Por último, os n.os 3 e 4 permitem, respectivamente, que os tribunais sejam coadjuvados por outras entidades e que a lei institucionalize instrumentos e formas de composição não jurisdicional de conflitos. Sendo que as conclusões que se retiram no texto se apoiam fundamentalmente nos números integralmente transcritos.

([8]) Ideia que, assinale-se, não era constitucionalmente consagrada anteriormente. De facto, a Constituição de 1933, no seu artigo 119.º, garantia a vitaliciedade e inamovibilidade dos juízes, mas nada dispunha sobre a sua independência (era o Estatuto Judiciário de então, DL n.º 44 278, de 14 de Abril de 1962, que o fazia, no seu artigo 111.º; a matéria não tinha, assim, consagração constitucional e a respectiva legislação ordinária não constituía, sequer, reserva da competência da Assembleia Nacional, estando deste modo a independência material da magistratura sujeita aos ditames do legislador ordinário). A estrutura institucional e organizacional do poder judicial concedia ao executivo um vasto controle sobre as carreiras judiciais. O órgão de "autogoverno" do poder judicial, o Conselho Superior Judiciário, tinha sido criado em 1912 e estava encarregado da gestão do pessoal judicial, especialmente no que respeitava à classificação e promoção de magistrados. Durante a I República, as regras para a sua composição sofreram modificações algo erráticas, permitindo, todavia, interessantes antecedentes de eleição dos seus membros pelo próprio pessoal judicial. Contudo, durante o Estado Novo, essas regras estabilizaram em torno de um complexo sistema que relacionava a composição do CSJ com a designação dos juízes dos tribunais superiores e que engenhosamente colocava o real controle do aparelho burocrático judicial nas mãos do Ministro da Justiça (o CSJ era presidido pelo Presidente do Supremo Tribunal e composto por outros cinco elementos: os Presidentes das Relações e dois membros nomeados pelo Ministro da Justiça — sendo que os Presidentes do STJ e das Relações eram nomeados pelo Executivo, o que, na prática, significava que todos os membros do CSJ tinham a confiança do Ministro). O funcionamento deste aparelho permitia diversos instrumentos de controle político das carreiras judiciais.

A análise do grau de independência externa do poder judicial durante o período em análise não ficaria completa sem se atentar na natureza das relações entre a magistratura judicial e o Ministério Público, órgão hierarquicamente organizado, dependente do Ministério da Justiça, que controlava as promoções e dispunha de poderes disciplinares. Existia uma completa permeabilidade entre um poder judicial supostamente independente e um abertamente dependente Ministério Público, já que passar por este último enquanto delegado do Procurador da República era condição necessária para aceder à magistratura judicial, e os escalões mais altos do Ministério Público estavam de facto preenchidos por juízes em comissão de serviço. Isto não só criava hábitos de dependência na magistratura judicial, mas permitia também que os juízes mais aquiescentes recebessem recompensas suplementares, dado que, ao funcionarem como Procuradores, conseguiam (através de promoções por mérito) um acesso mais rápido aos tribunais superiores, evitando o caminho mais lento do típico juiz de carreira. Juízes executando tarefas num contexto burocratizado e hierarquizado cedo compreendiam que ir para além do que deles era esperado podia causar danos permanentes e irreversíveis nas suas carreiras (*vd.* Pedro Coutinho Magalhães, *Democratização e independência judicial em Portugal,* **Análise Social,** 1990, pp. 58-59).

exercício das suas funções (⁹), num sentido mais correcto e abrangente, deve abarcar também o princípio da imparcialidade (¹⁰): efectivamente, como não entender que a indepen-

---

(⁹) Dois aspectos conceptualmente distintos, embora a Constituição não os tenha explicitamente separado; de facto, a independência é imprescindível não só face a órgãos ou entidades estranhas ao tribunal, exigência ligada a uma necessidade de ordem histórica de fraccionar o poder político mediante uma específica organização do Estado que tutele a liberdade dos cidadãos e impeça a degradação em fórmulas totalitárias, mas também como garantia de cada um dos juízes em relação a todos os outros juízes pertencentes à mesma organização judiciária e aos órgãos conexos com esta mesma organização. Em socorro desta independência concorrem: 1) o princípio constitucional da submissão do juiz só à Constituição e à lei (não estando sujeito a ordens ou instruções, salvo o dever de acatamento, pelos tribunais inferiores, das decisões proferidas, em via de recurso, pelos tribunais superiores); 2) o princípio da irresponsabilidade (só nos casos previstos na lei pode ser sujeito, em razão do exercício das suas funções, a responsabilidade civil, criminal ou disciplinar); 3) o princípio da inamovibilidade do juiz, entendida no sentido mais amplo de estabilidade nas funções e no lugar (só podendo este ser transferido, suspenso, promovido, aposentado, demitido ou por qualquer forma mudado de situação nos casos previstos no seu Estatuto); 4) a abolição de qualquer relação de hierarquia entre os vários juízes, independentemente do carácter individual ou colegial do órgão judicante, de modo que a distinção entre eles apenas tenha relevo em sede de diversidade de funções; 5) a reserva de lei para a disciplina do ordenamento judiciário; 6) o princípio do juiz natural; e, finalmente, 7) o "autogoverno" dos juízes, pela sua participação em órgãos de gestão independentes do Estado-administrador. Observe-se, por último, que a inamovibilidade e irresponsabilidade mencionadas são meramente tendenciais, pois o que a Constituição garante é uma reserva de lei no que respeita às excepções, constitucionalmente autorizadas, aos princípios da inamovibilidade e a irresponsabilidade: mas não esqueçamos que, afinal, a discricionariedade legislativa na definição dessas excepções está desde logo limitada pelo próprio princípio da independência dos tribunais e dos juízes.

(¹⁰) Tal concepção, apresentada *supra*, n.º 1, é também abraçada por José N. da Cunha Rodrigues, *op. cit.*, p. 32, e João de Castro Mendes, *Nótula sobre o artigo 208.º da Constituição — independência dos juízes,*

dência se tem de verificar igualmente em relação aos próprios sujeitos cujos interesses conflituam e face aos quais o fiel da balança se deverá manter vertical, o que dificilmente se concretizará se o órgão de execução das leis estiver, de algum modo, dependente de uma das partes litigantes?

Finalmente, o artigo 216.º, ao estabelecer as incompatibilidades a que estão sujeitos os juízes, tutela directa e indubitavelmente o princípio da imparcialidade: pois, enquadrando os resultados de uma análise perspectivada para o enquadramento das incompatibilidades nos seus aspectos gerais com aqueles resultantes de uma tentativa de iluminação de específi-

---

in **Estudos sobre a Constituição**, III, Lisboa, 1977, p. 660, que escreve que "independência e imparcialidade são verso e reverso da mesma realidade fundamental, e a imparcialidade, segundo temos sustentado, é uma nota essencial do próprio conceito de tribunal [...]" *Vd.*, a propósito, Paulo Ferreira da Cunha, **Res Publica — Ensaios Constitucionais**, Coimbra, 1998, p. 78, quando explicita que, se se conhecem de uma palavra ou expressão vários sentidos diferentes, o receptor advertido tende a dividir-se em diferentes decifradores de uma mensagem que ele sabe que será lida de uma forma pluralista. Tal é o caso do jurista, que sabe que a sua empresa não é somente cognoscitiva mas valorativa. O autor admite ainda que tal efeito de caleidoscópio (ou de explosão) não ajuda à redução da complexidade nestas matérias, mas ignorá-lo seria querer tapar o sol com uma peneira.

Para defender ainda a legitimidade da interpretação por nós proposta do preceito constitucional de independência, remetemos para as observações feitas *supra*, n.º 5, e para o esclarecimento prestado por Jorge Miranda, **Manual de Direito Constitucional**, IV, cit., p. 142: *"Projecta-se, pois, a Declaração desde logo sobre as próprias normas constitucionais, moldando-as e emprestando-lhes um sentido que caiba dentro da Declaração ou que dele mais se aproxime [...] Mais ainda; para lá de correspondências mais ou menos claras que reforçam o preceituado na Constituição, deparam-se mesmo alguns artigos da Declaração que utilmente esclarecem normas constitucionais, evitam dúvidas, superam divergências de localizações ou de formulações, propiciam perspectivas mais ricas do que, aparentemente, as perspectivas de direito interno."*

cos aspectos desta temática, concluímos facilmente que o instituto se justifica precisamente devido à necessidade de prevenir que uma pessoa exercendo determinada posição ou actividade, pelo facto de estar em contacto com uma outra actividade ou no exercício de determinada função ou ainda relacionada com outrem por laços particulares, origine um risco de parcialidade, devido a um possível conflito de interesses, observação que evidencia o espectro de hipóteses a que pode estar ligada a incompatibilidade.

Traduz assim este artigo um juízo probabilístico em ordem a situações que se possam traduzir na lesão da imparcialidade do juiz.

Retira-se ainda do mencionado preceito que não é, em rigor, como facto psicológico ou pessoal que a imparcialidade surge como princípio constitucional implícito, assegurando-se antes um dado institucional, que se traduz na premência da existência de meios normativos adequados a assegurar que ninguém seja coagido a — por necessidade, interesse ou medo — desvirtuar a função de que está investido. Seguramente que a imparcialidade, como estado de espírito ou elemento do carácter do julgador, faz certamente parte das qualidades que um bom juiz deve possuir ([11]). Mas esta maneira de ser deve provir ou, mais incisivamente, deve ser incrementada pela profissão e pelas suas regras e não advir em exclusivo de um

---

([11]) E, sob o prisma deontológico, na busca da justiça pelo juiz no caso concreto devem ser primordialmente duas as questões que se lhe colocam: *a)* uma, de carácter gnoseológico, e que respeita à possibilidade de encontrar a justiça no caso concreto; *b)* outra, mais prática, referida à necessária imparcialidade do julgador — corolário, sob analisados prismas, da sua independência —, sempre vista como um valor essencial, representada pelos romanos através dos olhos vendados da deusa Justitia, e desde o Antigo Testamento inculcada com vigor na tradição jurídica do Ocidente (cf. João Seabra, *Deontologia*, in **Enciclopédia Pólis**, II, Lisboa/São Paulo, 1984, pp. 106-110).

elemento de cariz absolutamente excepcional. Em resenha: a imparcialidade do juiz deve ser, em primeiro lugar, assegurada pelo correcto funcionamento dos mecanismos institucionais e só secundariamente resultar de um esforço pessoal.

A preocupação constitucional espelhada nos referidos artigos da Constituição e a eleição do princípio da independência como uma dimensão material no direito constitucional português — consagrada no artigo 288.º, alínea *m*), do mesmo diploma — comprovam a importância das regras que devem garantir a imparcialidade do juiz perante as partes no processo e das regras que organizam as actividades destinadas a reger a classe dos magistrados e a sua carreira, visando proteger a sua independência *stricto sensu* e a sua imparcialidade; evidenciam que a existência de um poder judicial independente, ou seja, de uma entidade independente que vele pelo cumprimento das leis, que defenda os cidadãos das ilegalidades praticadas não só pelos outros cidadãos como pelo próprio Estado, é um postulado do Estado de Direito.

CAPÍTULO III
O CONSELHO SUPERIOR DA MAGISTRATURA

Comparando as organizações judiciárias dos vários países, verificamos coexistirem hoje três modelos fundamentais: um em que a judicatura representa uma estrutura de poder com regras de designação e demissão idênticas às que caracterizam o poder político; outro em que o processo de recrutamento e a organização das carreiras estão sob a tutela do executivo; um terceiro em que aparecem órgãos específicos de gestão e disciplina da magistratura judicial, designados normalmente por conselhos superiores ([12]).

Em Portugal, o Conselho Superior da Magistratura foi criado em 1976.

Efectivamente, com o restabelecimento da democracia após o 25 de Abril de 1974, o processo de transformação do poder político em Portugal repercutiu-se fortemente também ao nível do sistema judiciário, e foi devido à relevância atribuída ao princípio da independência dos tribunais que a Constituição reservou, no originário artigo 223.º, a um órgão independente e autónomo a realização do interesse público que se traduzia no preenchimento dos lugares de juiz dos tribunais judiciais, no desenvolvimento da carreira das pessoas susceptíveis de ocuparem esses lugares e na conformação de tal carreira.

Tal preocupação constitucional, na sequência de um processo de ruptura que se seguiu à queda de um regime autocrático, teve indesmentível valor sintomático, representando um realinhamento de poderes num movimento de reconstrução do

---

([12]) *Vd.* José N. Cunha Rodrigues, **Lugares ...**, cit., p. 226.

Estado em que estava presente o esforço para reforçar as garantias do cidadão pelo acesso a órgãos judiciais independentes e imparciais ([13]).

Todavia, tal inovação causou polémica, devido ao receio de se conferir excessivamente à magistratura a sua gestão, sob pena da perda da inserção democrática do órgão de soberania que é o tribunal ([14]) ([15]), o que acabaria por se traduzir no

---

([13]) É curioso notar que a instituição de conselhos superiores dotados de poderes de decisão e de representatividade profissional electiva corresponde, em muitos casos, à repristinação de sistemas experimentados anteriormente à emergência de regimes autoritários — estão neste caso a Itália, com as reformas de 1907 e 1921, e Portugal, com diplomas publicados a partir de 1892. Cf. José N. da Cunha Rodrigues, **Lugares ...**, cit., p. 230.

([14]) E por isso Barbosa de Melo, Cardoso e Costa e Vieira de Andrade, **Estudo e Projecto de Revisão da Constituição**, p. 250, *apud* Isaltino Morais *et al.*, **Constituição da República Portuguesa Anotada e Comentada**, Lisboa, 1983, p. 435, sobre a redacção originária do artigo 223.º, que estatuía que *"a lei determina as regras de composição do Conselho Superior de Magistratura, o qual deverá incluir membros de entre si eleitos pelos juízes"*, consideraram — num esforço de atenuação do alcance do preceito — que este não impunha o autogoverno da magistratura em termos absolutos, pois não obrigava a que do Conselho fizessem parte apenas juízes, manifestando-se, após tal conclusão, inteiramente de acordo com aquela *"abertura da Constituição"*, pois, e nas suas palavras, *"assim fica sempre ao legislador a possibilidade de encontrar soluções que, recolhendo embora o essencial daquela ideia de autogoverno, permitam simultaneamente evitar ou minorar o risco (real) de uma excessiva e indesejável corporativização da classe dos magistrados"*.

Não era, todavia, tal o entendimento do CSM, como se extraía do **Memorial do Conselho Superior da Magistratura sobre a Composição do Conselho Superior da Magistratura e o Acesso ao Supremo Tribunal de Justiça,** Coimbra, 1982, p. 13, *apud* Isaltino Morais *et al., **op. cit.**, loc. cit.*: de facto, este órgão considerava, a esse propósito, que *"fazer incluir no CSM membros estranhos à magistratura, ainda que em posição minoritária, designados por outros órgãos de soberania também não parece aceitável por tal constituir uma* capitis diminutio *da magistratura*

compromisso actual de uma composição heterodoxa, integrando elementos não magistrados e de extracto manifesta-

---

não apenas na óptica dos juízes, mas — o que não é menos grave — aos olhos da opinião pública, para a qual não basta que a justiça seja independente mas que pareça sê-lo": o sentimento de segurança dos cidadãos exigiria assim inteira confiança na independência dos tribunais, tal concluía o CSM, no estudo referido.

Ora o que acontecia, na realidade, era que o artigo 223.º da Constituição remetia para a lei ordinária a determinação das regras de composição do Conselho Superior da Magistratura (da leitura das actas que precederam a parte interessante do texto constitucional colhe-se a ideia de que a inclusão de membros exteriores à magistratura no Conselho, se não foi uma hipótese rejeitada, esteve longe de constituir uma solução adquirida; daí a feição neutra e não prejudicial de qualquer das opções que transparecia do guião constitucional), o que originou que ambas as perspectivas expostas tivessem reconhecido suporte nas soluções encontradas para este problema na legislação que regulamentou o CSM após a entrada em vigor da actual Constituição:

— Desde logo, o DL n.º 926/76, de 31 de Dezembro, instituindo a Lei Orgânica do CSM, restringiu à área judicial o recrutamento dos membros do CSM, uns como membros natos (presidentes do STJ e das Relações), outros eleitos, quer de entre e por juízes da Relação quer de entre e por juízes de direito (dois juízes do STJ e seis juízes de 1.ª instância). Na composição do CSM entravam também quatro funcionários de justiça eleitos de entre eles (contudo, a sua intervenção limitava-se aos assuntos que lhe dissessem respeito). No entanto, conforme resultava do próprio preâmbulo, o diploma tinha natureza transitória, na medida em que estava fixado constitucionalmente um prazo (até 15 de Junho de 1977) para discussão e aprovação pela Assembleia da República da reforma judiciária, na qual se havia de incluir a parte respeitante ao CSM.

— A Lei n.º 85/77, de 13 de Dezembro (Estatuto dos Magistrados Judiciais), veio, de facto, alterar a composição do CSM, avançando para um sistema cuja filosofia era radicalmente oposta, incluindo nele seis membros estranhos à magistratura, nomeadamente o Presidente da República, que passou a ser o Presidente do CSM, o Provedor da Justiça e quatro personalidades designadas pela AR (mantendo-se os quatro funcionários da justiça com a sua intervenção restrita às matérias que lhe dissessem respeito — artigo 152.º da mencionada lei); de qualquer modo, os juízes mantinham a maioria, configurando-se, desta forma, um regime de autogoverno mitigado da magistratura judicial. Esta alteração deveu-se mais ao debate político realizado do que a uma avaliação da experiência de funcionamento da composição anterior.

Foi finalmente na revisão constitucional de 1982 constitucionalizada esta matéria na fórmula do artigo 223.º: mantiveram-se ainda os juízes em maioria na composição do CSM, apesar de diminuído o seu peso relativamente ao consignado na Lei n.º 85/77. Atribuiu-se a presidência do CSM ao Presidente do STJ, sendo aquele composto por nove vogais magistrados (na medida em que um dos vogais a eleger pelo Presidente da República deveria ser um magistrado judicial — condição que a LC n.º 1/97 veio deixar de impor, contra o parecer do CSM sobre a Revisão Constitucional, expressa no **Boletim do CSM, n.**º 10, de Fevereiro de 1997, que considerou não ser tal alteração inócua, subvertendo "*a intencionalidade que tal órgão expressa e que é a de subtrair aos restantes órgão de soberania aquele conjunto de funções cujo exercício poderia comportar o risco de, directa ou indirectamente, influenciar as decisões dos tribunais*" —, sendo sete os juízes eleitos pelos seus pares, e finalmente competindo a presidência do CSM a um magistrado — o Presidente do STJ, como se referiu) e oito vogais não magistrados (cf. Orlando Afonso, *Notas sobre o CSM*, **RMP,** Abril/Junho de 1995, ano 16, n.º 62, p. 142); constitucionalizou-se ainda a participação de funcionários de justiça neste Conselho, já anteriormente prevista, quer no DL n.º 296/76, de 31 de Dezembro, quer na Lei n.º 85/77, de 13 de Dezembro (actualmente, com a criação do Conselho Oficial dos Oficiais da Justiça, o CSM perdeu a competência que detinha relativamente a funcionários de justiça. Cf. J. Cunha Rodrigues, **Lugares ...,** cit., p. 227).

Acrescente-se, em prol da revisão de 1982, que, ao deixar de se reservar para o legislador ordinário (como acontecia no texto originário do artigo 223.º) a regulamentação da composição do CSM, se avançou no sentido da manutenção da independência dos tribunais, na medida em que se evitaram, por tal via, riscos intoleráveis e susceptíveis de colocar tal matéria na disponibilidade de maiorias conjunturais (cf. Isaltino Morais *et al.*, **Constituição da República Portuguesa Anotada e Comentada**, cit., p. 435).

Observe-se que seria na revisão de 1989 que se estabeleceria, a par da existência necessária (e já não mera autorização de existência) dos tri-

mente político, visando, para além da integração democrática referida ([16]), prevenir eventuais desvios corporativos (na perspectiva dos constitucionalistas que tal solução promoveram).

---

bunais administrativos e fiscais [artigo 211.º, hoje 209.º alínea b)], a previsão de um Conselho Superior dos Tribunais Administrativos e Fiscais paralelo ao CSM (artigo 219.º, n.º 2, hoje 217.º, n.º 2), solução acerrimamente criticada por Alberto Campinho, **Independência e Unidade da Judicatura**, Braga, 1994, pp. 135 e segs., ao considerar tal situação "aberrante, pelo que significa de desprezo pela história, de recuo injustificável e injustificado e passo temerário contra a corrente que, em Portugal, se fazia sentir bem forte, no sentido da integração da chamada *jurisdição administrativa* no Poder Judicial [...]".

([15]) A propósito de toda esta evolução, José N. Cunha Rodrigues, **Lugares ...**, cit., p. 228, considera que as flutuações verificadas na composição do Conselho e as alterações introduzidas nas regras de organização e funcionamento têm sido produto de um debate político em que é difícil encontrar um fio condutor. Se aparentemente as mudanças são efectuadas a pretexto do reforço da democraticidade e operacionalidade do Conselho, a verdade é que o tema do CSM, polo de interesses de políticos, de juízes e jornalistas, tem sido, consequentemente, transportado para o centro de uma disputa mais vasta e que se reconduz ao controle do poder judicial — tendo já havido tentativas polémicas redutoras da composição e dos poderes do CMS, por forma a contê-lo como órgão de mera administração, ainda que de "alta administração" —, sendo evidente que qualquer debate sobre o redimensionamento da composição, do posicionamento e dos poderes do CMS pode conduzir à discussão da própria independência da magistratura, que muitas vezes se tenta reduzir (quando não eliminar) não ao nível dos grandes princípios constitucionais (amplamente consagrados e apregoados) mas ao nível de criação de mecanismos legais que esvaziam o conceito de independência ou que tornam o poder judicial inoperante. [cf. Orlando Afonso, *Notas sobre o Conselho Superior da Magistratura*, **Boletim Informativo do CSM** (não paginado), 1995, n.º 5 (publicado igualmente na **RMP** de Abril/Junho de 1995, pp. 139-149)].

([16]) A necessidade de integração democrática impôs-se por se considerar que, sendo a existência de um poder judicial independente um dos princípios constitutivos do Estado de Direito, existia um outro princípio estruturante que sobressaía com idêntico vigor: o princípio democrático —

A actual composição do CSM obedece, assim, a três regras: 1) existência de membros designados pelo Presidente da República e pela Assembleia da República, ou seja, pelos órgãos de soberania eleitos por sufrágio popular, criando-se por

que dispõe residir no povo a soberania, nos termos dos artigos 3.º e 108.º da CRP.

Perguntamo-nos, todavia, se seria redundante reflectir sobre a efectiva coerência desta busca pela democraticidade do poder judicial. Parece-nos que seria útil uma ponderação um pouco mais aprofundada sobre o tema. Sabe-se que em Portugal, como na generalidade dos Estados europeus, os magistrados não são eleitos, antes constituem um corpo profissionalizado, uma carreira pública, o que permite, de facto, indagar de onde lhes advém a legitimidade popular (questão por vezes dramatizada pelos órgãos representativos quando se sentem lesados pelas decisões dos tribunais). Mas há que não olvidar que a primeira fonte de legitimidade do poder judicial reside na sua exclusiva vinculação à lei, criada pelos órgãos representativos, e ainda que os tribunais administram a Justiça em nome do povo (artigo 202.º), o que acentua que a sua legitimidade não é mediada pelos órgãos representativos, mas antes provém directamente do titular da soberania. A vertente representativa não ocupa todo o espaço da legitimação democrática, como bem esclarece Eduardo Maia Costa numa **Comunicação Apresentada ao Congresso "Portugal: Que Futuro?"**, em 9 de Maio de 1994. É em nome do povo e vinculado à Constituição que o juiz profere a decisão: é essa a sua primeira e decisiva fonte de legitimação democrática. Também o saudoso Doutor Baptista Machado, **Introdução ao Direito e ao Discurso Legitimador,** p. 142, *apud* Germano Marques da Silva, *A fundamentação das decisões judiciais,* **Direito e Justiça,** vol. X, II, p. 20, ensinava que a legitimidade dos juízes resultava simplesmente de exercerem uma competência que lhes era atribuída por normas organizativas do sistema (desde que nessa competência não estivesse coenvolvido um poder de opção política), considerando que *"o fundamento da legitimidade não está aqui na eleição dos titulares dos órgãos, mas na vinculação deles às leis e, portanto, aos interesses (e directivas) do representado"* — o povo soberano, através do poder constituinte e do poder de revisão da Constituição, pode legitimamente atribuir o poder a órgãos não eleitos, fundando-se então a legitimidade dos titulares desses órgãos no respeito pela função que lhes é atribuída.

esta forma mecanismos de legitimação democrática do poder judicial; 2) consagração de um mitigado autogoverno da magistratura, traduzido na presença de um significativo número de membros eleitos pelos próprios juízes de entre si; 3) entrega da presidência do CSM ao presidente do STJ, de modo a evitar, através dessa união pessoal de cargos, qualquer conflito de legitimidade ou de autoridade e por forma a reforçar a posição dos juízes do STJ dentro do Conselho.

Deste modo, a nossa lei institui uma solução ecléctica, conciliando a "proveniência representativa" com a "proveniência corporativa", sendo esta parcialmente de origem electiva ([17]). Consagra-se, portanto, um sistema de "autogoverno" mitigado, combinado com a gestão democrática (participação de membros eleitos), com o fim, como se frisou, de atribuir características mais dinâmicas e representativas ao CSM ([18]).

([17]) Determina a Lei n.º 21/85, de 30 de Julho — Estatuto dos Magistrados Judiciais —, que os juízes sejam eleitos por sufrágio secreto e universal, segundo o princípio da representação proporcional e o método da média mais alta, mediante a elaboração de listas organizadas por um mínimo de vinte eleitores (artigos 139.º, n.º 2, e 141.º), havendo em cada lista um juiz do STJ que será o Vice-Presidente do CMS, dois juízes da 2.ª instância (Tribunais da Relação) e quatro juízes da 1.ª instância (um por cada distrito judicial). Os vogais eleitos pela Assembleia da República são designados nos termos da Constituição e do regimento da Assembleia da República (artigo 139.º, n.º 1, do EMJ).

([18]) Assinale-se que, dentro deste modelo, em Itália, a distância entre os tribunais e os órgãos representativos atinge o máximo do seu expoente: a magistratura (única) é gerida por um Conselho Superior da Magistratura, presidido pelo Presidente da República e composto, além do primeiro presidente e do procurador-geral junto do Supremo Tribunal, por dois terços de magistrados eleitos pelos seus pares e por um terço de membros eleitos pelo Parlamento de entre professores universitários e advogados com mais de quinze anos de exercício (que ocorre na base de candidaturas apresentadas por partidos políticos, embora esteja excluído, evidentemente, qualquer vínculo de mandato), dotados de todos os poderes administrativos para o

Verificámos, ao longo do exposto, uma preocupação de densificação normativo-constitucional, existindo reserva da Lei Fundamental quanto à criação do órgão, quanto à delimitação do universo subjectivo da sua composição, quanto à individualização dos seus membros e quanto ao seu modo de designação ([19]), preocupação em que não se denota nada menos do que a consciência plena da função do princípio da independência no exercício da Justiça.

---

exercício da jurisdição (com excepção dos de carácter financeiro ou puramente instrumentais), incluindo o poder disciplinar, composição esta que vem consagrada na própria Constituição. Segundo o artigo 104.º n.os 6 e 7, da Constituição, há incompatibilidade entre a titularidade deste cargo e o exercício de outras funções profissionais (cf. Alessandro Pizzorusso, *A experiência italiana do CSM,* **RMP,** Abril/Junho de 1996, p. 32).

([19]) A Constituição, no seu artigo 218.º, determina concretamente que o CSM seja presidido pelo Presidente do Supremo Tribunal de Justiça e composto especificadamente por dois vogais designados pelo Presidente da República, sete vogais eleitos pela Assembleia da República e, finalmente, sete juízes eleitos pelos seus pares, de harmonia com o princípio da representação proporcional. A Lei Fundamental, no n.º 3 do artigo 218.º, estabelece ainda a possibilidade de a lei ordinária prever que do Conselho Superior da Magistratura façam parte funcionários de justiça, eleitos pelos seus pares, com intervenção restrita à discussão e votação das matérias relativas à apreciação do mérito profissional e ao exercício da função disciplinar sobre funcionários de justiça.

CAPÍTULO IV
A IMPARCIALIDADE JUDICIAL AMEAÇADA

A delineada problemática da estrutura e composição do CSM e a suspeita que sobre este recai de funcionar segundo uma praxística em que nem sempre é fácil distinguir o interesses público de interesses sociais ou corporativos, aliadas às reservas formuladas quanto ao risco de politização (conatural ao facto de o CSM exercer funções executivas e actuar como lado de uma relação triangular de que fazem também parte o poder político e a opinião pública), assumem relevo e centralizam frequentemente os grandes debates. Conexas são ainda as frequentes questões no plano organizativo e de funcionamento dirigidas à inércia, à burocratização, à utilização de uma lógica de contrapoder e de diluição de responsabilidades de que o CSM seria prova [20]. É conhecida a permanente tensão que leva os governos a argumentar pela necessidade da redução de poderes do Conselho ou pelo reforço da sua interdependência e que conduz, por seu lado, o Conselho a protestar pela insuficiência de poderes e de meios e a reclamar, em nome do princípio da separação de poderes e da efectiva independência dos tribunais, a extensão das atribuições a áreas instrumentais, como as relativas ao orçamento, à gestão de recursos materiais e aos sistemas de apoio.

Todavia, talvez por não se traduzir na tão mediatizada tensão dialéctica entre o poder político e os corpos profissionais de magistratura, ou nos factores de inércia que lhe são imputados, ou ainda no problema da sua legitimidade demo-

---

[20] Não cabe no âmbito deste estudo a análise da justiça destas críticas, remetendo-se, para o efeito, para as observações feitas por José N. da Cunha Rodrigues, **Lugares ...**, cit., pp. 233 e segs.

crática — ainda que interligada com a sua composição —, é injustificadamente menos debatida uma situação que atropela gravemente, na prática, o seu objectivo primordial no plano dos princípios.

Compete-nos demonstrar e denunciar tal situação.

As competências do CSM não estão cabalmente previstas na Constituição, cabendo ao legislador ordinário determiná-las mais especificadamente. No que a estas concerne, dispondo o artigo 217.º da Constituição que a nomeação, a transferência e a promoção dos juízes e o exercício da acção disciplinar competem ao CSM, nos termos da lei (salvaguardadas, bem entendido, a independência, a inamovibilidade e a não responsabilização pelas suas decisões), confirma o artigo 136.º do EMJ que o CSM é o órgão da gestão e disciplina da magistratura judicial. Confere a lei que faz parte do elenco das competências (entre outras que assumem menos relevo para o que intentamos evidenciar), nos termos referidos na Constituição e plasmados na alínea *a*) do artigo 149.º do EMJ, "nomear, colocar, transferir, promover, exonerar, apreciar o mérito profissional, exercer a acção disciplinar e, em geral, praticar todos os actos de idêntica natureza respeitantes a magistrados judiciais, sem prejuízo das disposições relativas ao provimento de cargos por via electiva".

Atentando agora no funcionamento deste órgão, constatamos que, nos termos do artigo 150.º, o CSM funciona em Plenário e em Conselho Permanente, sendo o Plenário constituído por todos os membros do Conselho e o Conselho Permanente obrigatoriamente integrado, entre outros, por dois vogais de entre os designados pela Assembleia da República e um dos vogais designados pelo Presidente da República [fazendo-se a designação dos vogais determinados pela Assembleia da República rotativamente, por períodos de dezoito meses, nos termos da alínea *f*) do n.º 3 e do n.º 4 do artigo referido].

Nos termos do artigo 151.º, é da competência do Plenário não só praticar os actos referidos no artigo 149.º respeitantes a juízes do STJ e das Relações ou a estes tribunais como ainda apreciar e decidir as reclamações contra os actos praticados pelo Conselho Permanente, pelo Presidente ou pelo Vice-Presidente, deliberar sobre as matérias referidas nas alíneas *b*), *c*), *f*) e *g*) do artigo 149.º e, finalmente, apreciar e decidir os assuntos não previstos nas alíneas anteriores que sejam avocados quer por sua iniciativa, quer por proposta do Conselho Permanente, quer a requerimento fundamentado de qualquer dos seus membros.

São, por sua vez, da competência do Conselho Permanente os actos não incluídos no elenco das competências do Plenário (artigo 152.º).

Simplificadamente, podemos afirmar que, em princípio, a competência para a gestão da carreira dos conselheiros e desembargadores pertence ao Plenário e que a da carreira dos juízes de direito é da competência do Conselho Permanente (se o primeiro órgão a não avocar) e ainda que, em ambos os órgãos, os vogais designados pela Assembleia da República ou pelo Presidente da República estão presentes, tendo voto em matérias que tocam directamente na carreira profissional dos juízes.

E que, por força do regime vigente desde a Revisão Constitucional de 1989 atinente à composição do CSM, esse vogal pode ser... um advogado!!

Efectivamente a Constituição de 1982, no n.º 2 do artigo 223°, estabelecera que as regras sobre garantias e incompatibilidades dos juízes seriam aplicáveis a todos os membros do CSM — de facto, se assim não fosse, estariam aqueles vogais sujeitos às mais variadas pressões, permeabilizando-se o órgão aos mais diversos sectores. Todavia, não era esta a única consequência do preceito: ao aplicar as regras sobre as incompatibilidades dos juízes aos membros do CSM, a Constituição determinava que estes vogais não pudessem exercer, conforme ditava o artigo 221.º (na redacção da LC n.º 1/82, de 30 de Setembro), quaisquer outras funções, públicas ou privadas (salvo as funções de docentes ou de investigação científica de natureza jurídica, não remuneradas nos termos da lei), estando assim obrigados à dedicação exclusiva ao cargo. De onde se retirava que a um advogado vogal do CSM estava vedado o exercício simultâneo da advocacia.

Contudo, o legislador constituinte da 2.ª Revisão Constitucional (LC n.º 1/89, de 8 de Julho), considerando que a solução de sujeitar os membros não juízes do CSM às incompatibilidades a que estes estavam sujeitos era excessiva ([21]), resolveu eliminar do texto constitucional a referência às incompatibilidades, mantendo apenas a aplicabilidade aos membros do CSM das garantias dos juízes (artigo 220.º, n.º 2, actual artigo 218.º, n.º 2), interferindo por este meio na composição deste órgão, o que não pôde deixar de se reflectir no próprio estatuto dos juízes, a quem naturalmente não é indiferente a

---

([21]) A alteração constitucional de 1989 foi acolhida com agrado generalizado, na medida em que eram patentes exemplos em que a a proibição de exercer qualquer outra função pública ou privada era desproporcional relativamente a vogais não juízes do CSM. Considerou-se que tal facto arredaria do CSM "*ilustres juristas, professores de direito e advogados, que normalmente não estariam dispostos a aceitar sujeitar-se às mesmas incompatibilidades, nomeadamente do exercício de outras profissões a que, a justo título, têm de sujeitar-se os juízes*" (**DAR,** I série, n.º 85, de 23/5/89, p. 4135). Atente-se ainda às considerações tecidas pelo deputado do PCP José Magalhães quanto à melindrosa questão de a lei ordinária, na prática, "libertar" — contra a letra da Constituição — alguns membros do Conselho das incompatibilidades aplicáveis aos juízes, urgindo constitucionalizar, como medida de bom-senso, uma certa diferenciação entre tais categorias de membros, sob pena de hipocrisia na manutenção de um *status* contrário à Constituição (**DAR,** II série, n.º 49-RC, de 22 de Outubro de 1988, p. 1540).

qualidade dos membros do CSM, sendo antes um elemento no qual radica a componente essencial da imparcialidade.

É, infelizmente, de fácil constatação que este condicionalismo, em cuja origem esteve uma intenção de aperfeiçoamento, pode pôr em causa, contraditoriamente, o princípio constitucional da independência dos tribunais. Neste particular, devemos reconhecer que é verdadeiramente difícil conjugar a posição e os poderes do CSM com a independência da magistratura, colocando ao Conselho um problema de coordenação e coerência, de modo a evitar a desconfiança dos cidadãos nos juízes e na sua actividade ([22]).

A problemática da participação de um advogado como mandatário num processo e da sua simultaneidade com a qualidade de vogal de um Conselho Superior não quedou inédita, estando na génese de um recente acórdão do Tribunal Constitucional que admitiu expressamente restrições ao exercício da actividade forense por parte de um advogado membro do Conselho Superior dos Tribunais Administrativos e Fiscais [Acórdão n.º 627/98 do Tribunal Constitucional — processo n.º 170/97 ([23])], fundamentando-se, principalmente, no funcionamento do sistema legal de incompatibilidades dos juízes. Tendo sido suscitada durante o processo a questão da regularidade da representação do mandatário dos recorrentes, face à sua qualidade de membro do CSTAF, o TC entendeu que, na medida em que o artigo 77.º do DL n.º 129/84, de 27 de Abril (ETAF), mandava aplicar ao regime estatutário dos juízes dos

---

([22]) As dificuldades são agudizadas pelo novo impacte que as questões de justiça têm na opinião pública: é que, como explica José N. Cunha Rodrigues — **Lugares ...**, cit., p. 216, os mecanismos de controle dos actuais Estados de Direito assentam, hoje, em alguma medida na opinião pública, sendo que esta é também uma fonte de legitimidade (legitimidade não sujeita a escrutínio democrático, mas a que o poder político é naturalmente sensível).

([23]) **DR,** n.º 66, II série, de 19 de Março de 1999, pp. 4085-4086.

tribunais administrativos e fiscais o EMJ, aprovado pela Lei n.º 21/85, de 30 de Julho, e mais concretamente a norma contida no artigo 148.º, n.º 1, desse Estatuto — norma que, até Dezembro de 1998, determinava que aos membros do CSM fosse aplicável, com as devidas adaptações, o regime não só das garantias como das incompatibilidades dos magistrados judiciais, na sequência da redacção constitucional anterior a 1989 —, tal mandatário não poderia intervir em processos pendentes em tribunais cujos magistrados estivessem sujeitos à gestão e disciplina do Conselho que este integrava.

O referido acórdão ultrapassava mesmo as dificuldades que a Revisão Constitucional de 1989, ao eliminar do próprio texto constitucional a referência às incompatibilidades, poderia suscitar quanto a esta interpretação; efectivamente, o Tribunal Constitucional, considerando que: *a*) uma vez que a alteração do artigo constitucional não se reflectira na lei ordinária, na medida em que o artigo 148.º, n.º 1, da Lei n.º 21/85, de 30 de Julho, mantivera a referência às incompatibilidades aplicáveis aos membros do CSM, apesar de o legislador ordinário ter tido oportunidade de adaptar o novo texto legal ao novo texto constitucional (na medida em que a Lei n.º 21/85 fora sujeita a alterações através da Lei n.º 10/94, de 5 de Maio, legislação posterior à revisão constitucional); *b*) a norma do artigo 148.º do EMJ, ao determinar a aplicabilidade aos membros do CSM (e, por remissão do artigo 77.º do ETAF, aos membros do CSTAF) das incompatibilidades dos magistrados judiciais, impedindo o exercício da advocacia por um advogado vogal do CSTAF em processos pendentes num tribunal administrativo, ao não desrespeitar os princípios da necessidade, da adequação ou da proporcionalidade, não era inconstitucional; *c*) da eliminação da referência às incompatibilidades pela Revisão de 1989 apenas decorria que deixava de ser constitucionalmente exigível (imposto) que aos membros não juízes do CSM fossem aplicáveis as que vigoravam para os juízes de carreira, nada obstando, porém, a que o legislador criasse novas incompatibilidades ou mantivesse as que porventura existiam, julgou justificado o "estabelecimento da incompatibilidade do exercício do cargo de membro do CSTAF com o exercício da advocacia em processos pendentes em tribunais cujos magistrados estejam sujeitos ao respectivo poder de gestão e disciplinar, como meio não só de garantir a independência e total autonomia dos respectivos magistrados como também de defender a imparcialidade e a isenção do próprio Conselho, não sendo, por isso, uma medida excessiva ou desproporcionada em face dos interesses a proteger".

Todavia, rapidamente se alteraram os pressupostos legais em que o TC, louvavelmente, se baseara, consciente da essencialidade da sua decisão para a salvaguarda da isenção de quem tem por função decidir o Direito.

E tal modificação legal sucedeu, na realidade, para fazer face à crise despoletada pelo próprio acórdão ([24]), como imediatamente se depreende da leitura do projecto de lei n.º 585/VII, de 13 de Novembro de 1998 — que deu origem à rapidamente aprovada Lei n.º 81/98, de 3 de Dezembro ([25]) —,

---

([24]) Lia-se, nomeadamente, no jornal **Público**, de 19 de Setembro de 1998, p. 9: "O CSM retomou anteontem, entretanto, a sua actividade normal, sanada que parece ter sido a crise aberta por um acórdão do TC que admitia restrições ao exercício da actividade forense por parte de um advogado que é membro do CSTAF. Na sessão de anteontem do CSM participaram os advogados Gil Moreira dos Santos, Guilherme da Palma Carlos e José Miguel Júdice. Ausente da sessão, Miguel Vieira anunciou que também retomará funções. O fim da auto-suspensão daqueles conselheiros [...] ficou a dever-se a uma alteração no Estatuto dos Magistrados Judiciais adoptada por iniciativa de Almeida Santos, presidente da AR. A nova redacção já foi publicada no **Diário da República**: suprime-se a alusão às incompatibilidades dos conselheiros que não são juízes de carreira e permite-se o exercício da actividade forense."

([25]) **DR,** série I-A, n.º 279, de 3 de Dezembro de 1998, p. 6657.

e que reza: "[...] Aquela norma constitucional mantém a versão fixada na 2.ª revisão, de 1989, visto que a versão anterior (n.º 2 do artigo 223.º) mandava aplicar a todos os vogais do Conselho Superior de Magistratura não apenas as regras sobre garantias mas as regras sobre garantias e incompatibilidades. A eliminação da referência às incompatibilidades só pode ter o significado de que o legislador constituinte quis deixar de impor aos vogais do Conselho Superior de Magistratura e por remissão do Conselho Superior dos Tribunais Administrativos e Fiscais as regras sobre incompatibilidades dos juízes. Certamente em atenção ao facto de do Conselho Superior de Magistratura virem fazendo parte advogados, e não ser razoável sujeitá-los a terem de optar entre a qualidade de vogal do mesmo Conselho ou o exercício de qualquer outra função pública ou privada, nomeadamente o exercício da advocacia. [...] O Estatuto dos Magistrados Judiciais (Lei n.º 21/85, de 30 de Julho), na esteira da norma constitucional que então vigorava, transcreveu-a no n.º 1 do artigo 148.º, porém com uma ressalva não despida de significado: acrescentou-lhe a expressão 'com as devidas adaptações'. Decerto por se ter entendido que uma das interpretações possíveis da mencionada ressalva era isentar do paralelismo consagrado os vogais do Conselho Superior de Magistratura que não fossem juízes, a referida redacção do n.º 1 do artigo 148.º do Estatuto manteve-se até hoje *qua tale*, sem que se tenha sentido a necessidade de nela reproduzir a nova redacção do texto constitucional.

Acaba porém o Tribunal Constitucional, em questão relativa ao exercício da advocacia na jurisdição administrativa, por advogado que é vogal do Conselho Superior dos Tribunais Administrativos e Fiscais, que esse exercício lhe é vedado, por aplicação do regime das incompatibilidades dos juízes que, como se disse, permanece no citado n.º 1 do artigo 148.º (Acórdão n.º 627/98, de 3 de Novembro — processo n.º 170/97, 1.ª Secção).

A vingar esta jurisprudência, que não valorizou, na economia da norma em apreço, o alcance da expressão 'com as devidas adaptações', fica aberta no Conselho Superior dos Tribunais Administrativos e Fiscais uma grave crise, que ameaça bloquear o funcionamento de um e outro Conselho.

Com efeito, sendo natural que os respectivos vogais não magistrados sejam designados de entre advogados, como vem acontecendo, com todas as vantagens que daí decorrem, esse privilegiado campo de recrutamento fica, na prática, vedado.

Esta perspectiva não é, infelizmente, mera hipótese. Já, com efeito, alguns dos advogados que constituem o Conselho Superior da Magistratura suspenderam o respectivo mandato, invocando a necessidade de esclarecimento da situação criada.

A solução lógica — que tem a vantagem adicional de ser fácil — é a aprovação, pela Assembleia da República, de lei que reproduza literalmente, no n.º 1 do citado artigo 148.º do Estatuto dos Magistrados Judiciais, a redacção em vigor do também citado n.º 2 do artigo 218.º da Constituição da República [...] ([26])."

Foi desta forma que a Lei n.º 81/98, de 3 de Dezembro, no seu artigo 1º, dispôs que o n.º 1 do artigo 148.º da Lei n.º 21/85, de 30 de Julho, passasse a ter a seguinte redacção: "Aos vogais do Conselho Superior de Magistratura que não sejam juízes é aplicável o regime de garantias dos magistrados judiciais."

Após o condicionalismo exposto não surpreende que o artigo 2.º da mesma lei dispusesse que esta entrava em vigor no dia imediato ao da sua publicação.

([26]) Relativamente ao projecto de lei n.º 585/VII, de 13 de Novembro de 1998, o PCP, na reunião plenária da Assembleia da República n.º 21, de 13 de Novembro de 1998, não pôde deixar mesmo de considerar que a legitimidade do CSM fora reforçada pela aprovação unânime desta medida, considerando que, mediante tal solução, se havia contribuído para afastar injustificadas suspeições sobre juristas de mérito eleitos ou a eleger para o CSM.

Ora sendo a independência da Justiça um instrumento de protecção dos Direitos Humanos, de inequívoco valor democrático, não podem deixar de nos surpreender tais precipitações nos textos das leis sobre a organização judiciária, sobre o estatuto da magistratura e da advocacia, preocupando-nos ainda as tibiezas, as insuficiências institucionais e a criação, afinal, de mecanismos legais que esvaziam o conceito de independência ou determinam contradições patentes na aplicação do princípio.

CAPÍTULO V
A QUESTÃO DA CONSTITUCIONALIDADE
DOS ARTIGOS 53.º E 54.º DO EOA

Perante tal enquadramento normativo, reequacione-se a dúvida cerne deste trabalho: tendo o legislador constituinte da segunda revisão constitucional achado excessivo sujeitar os membros não juízes do CSM às incompatibilidades dos juízes, nomeadamente à proibição de desempenhar qualquer outra função pública ou privada, e achando-se a lei ordinária, desde 3 de Dezembro de 1998, conforme com a redacção constitucional, é, porventura, lícita a situação em que um advogado membro do CSM intervém pessoalmente como mandatário num processo que decorre num tribunal judicial?

Ressalta a inconstitucionalidade de tal circunstância por manifesta violação do já tão ressaltado e fundamental princípio da imparcialidade [27].

Parece-nos plenamente legítimo que o mesmo advogado pratique actos próprios da profissão, designadamente aconselhando e informando os seus clientes, redigindo contratos, testamentos e exposições, prevenindo ou dirimindo os litígios, no âmbito das suas funções de consulta jurídica em regime de profissão liberal remunerada, nos termos do artigo 53.º, n.º 1, do EOA, ou ainda representando ou assistindo o seu constituinte perante qualquer instância, autoridade, entidade pública

---

[27] Não se inclui no objectivo deste estudo a descrição das consequências processuais que a intervenção de um mandatário violando o princípio constitucional descrito pode originar. Todavia, perguntamo-nos se um juiz que se vê em tal teia envolvido não deverá, nos termos do artigo 126.º, n.º 1, do CPC, pedir para ser dispensado de intervir na causa por entender poder suspeitar-se da sua imparcialidade. E, consequentemente, perguntamo-nos se o processo paralisaria se porventura todos os juízes chamados a intervir em sua substituição determinassem reger-se pela mesma bitola.

ou privada, nos termos dos artigos 53.º e 54.º, ambos n.º 1, do mesmo diploma. Parece-nos igualmente nítido que o mesmo advogado possa proceder ao exercício de mandato judicial, como também determina o mencionado n.º 1 do artigo 53.º, todavia agora com uma restrição essencial e contudo omissa: apenas perante tribunais que não dependam do CSM, nomeadamente em tribunais administrativos e fiscais ([28]).

Desta forma, e numa primeira abordagem, sob pena de violação directa de um imprescindível princípio constitucional, não será de concluir que os artigos 53.º e 54.º do EOA, permitindo aos advogados exercer o mandato em todas as jurisdições ([29]), devem ser considerados superveniente e parcialmente

---

([28]) Colocando-se, naturalmente, questão analógica em relação a um advogado membro do CSTAF que nestes tribunais pretenda exercer o seu mandato.

([29]) Segundo o artigo 53.º do EOA, a advocacia pode ser exercida pelas seguintes pessoas: *a)* pelos advogados, em princípio plenamente; *b)* pelos advogados-estagiários, nas condições do artigo 164º do mesmo diploma; *c)* pelos solicitadores, com as limitações do seu estatuto próprio (pode ainda ser exercida pelos magistrados judiciais e do Ministério Público, desde que em causa própria, do seu cônjuge ou descendente, conforme ditam, respectivamente, o artigo 19.º do Estatuto dos Magistrados Judiciais, aprovado pela Lei n.º 21/85, de 30 de Junho, e o artigo 93.º do Estatuto do Ministério Público, aprovado pela Lei n.º 47/86, de 15 de Outubro).

O que interessa ressaltar é que, logicamente com as limitações deste preceito — que é expresso no sentido de reservar aos advogados e advogados-estagiários a prática da advocacia (e aos outros profissionais do foro, com as limitações que ficaram assinaladas) —, a competência do advogado para o exercício da profissão é **plena e absoluta,** quer do ponto de vista territorial ("em todo o território nacional" — artigo 53.º do EOA), quer dos pontos de vista material e hierárquico ("perante qualquer jurisdição, instância autoridade ou entidade pública ou privada" — artigos 53.º e 54.º do EOA).

A título de curiosidade, assinale-se que desapareceu mesmo a ressalva constante do n.º 1 do artigo 561.º do Estatuto Judiciário quanto ao

inconstitucionais, em consequência das alterações constitucionais e legislativas descritas?

O dilucidar de tal questão está directamente dependente do entendimento perfilhado sobre os preceitos que fazem a delimitação negativa do alcance dos mencionados artigos [pois a interpretação de uma disposição legal está dependente do sistema normativo em que se insere ([30])], dando na análise prioridade aos artigos 68.º, 69.º e 73.º, previstos no capítulo IV do título I ([31]).

---

exercício da advocacia junto do Supremo Tribunal de Justiça: era, para tal, necessário ter "dez anos de exercício de advocacia", prazo reduzido para "cinco anos para os licenciados com a informação final mínima de 16 valores".

([30]) Recorremos ao indispensável elemento sistemático da interpretação que determina que, tendo em conta a unidade que deve caracterizar qualquer sistema legislativo, se deve proceder ao confronto da norma que se está a procurar interpretar com os preceitos que estão dentro do conjunto de normas que respeitam à mesma matéria em que está integrada, socorrendo-nos, portanto, do chamado contexto da lei.

([31]) Dar prioridade não implica olvidar que os preceitos estatuidores de deveres deontológicos dos advogados também devem poder delinear o âmbito da sua acção, nomeadamente perante determinadas jurisdições, como será defendido no último capítulo deste trabalho. Todavia, a sua eficácia é relativa, na medida em que a violação dos deveres sobre os quais então nos debruçaremos apenas poderá desencadear uma acção disciplinar, cuja competência é monopólio da Ordem dos Advogados. Para além disso, sendo preceitos que apelam a conceitos cuja concretização depende sempre de um sentimento subjectivo sobre o que deve representar a figura do advogado nos dias de hoje, demandamo-nos sobre a sua efectiva aptidão ou suficiência para afastar a sombra da inconstitucionalidade parcial que pende sobre os artigos 53.º e 54.º

É, efectivamente, mais óbvia a demarcação (negativa) do campo lícito de actuação de um advogado feita pelos preceitos que expressamente estatuem incompatibilidades ou impedimentos, sendo que estes (sobretudo os relativos às primeiras) podem dar origem a consequências mais graves do que uma acção disciplinar: conforme se lê no regulamento de inscrição

Assim sendo, se entendermos que o exercício da advocacia por um advogado membro do CSM perante um tribunal cujo juiz se encontra actual ou potencialmente sujeito à sua interferência é vedado pelo EOA, na medida em que se encontra proscrito, desde logo, pelos preceitos que estabelecem as incompatibilidades ou os impedimentos relativos, então o alcance do campo de actuação do advogado permitido pelos artigos 53.º e 54.º do mesmo diploma, previdentemente contido, não colide com qualquer disposição constitucional.

Se, contrariamente, perfilharmos a acepção de que não há qualquer incompatibilidade estatuída apta a demarcar negativamente os artigos em causa de modo a salvaguardar a conjectura em análise, ou seja, apta a afastar a intervenção de um advogado perante "qualquer jurisdição" sobre a qual tenha influência, então seremos forçados a concluir que os dois artigos são parcialmente inconstitucionais, porquanto não foram por outros convenientemente excepcionados; e são-no precisamente na medida em que ao advogado membro de um Conselho Superior permitem exercer o mandato perante juízes dependentes do mesmo Conselho. Pois reiterámos já que só quando o juiz não tem que se preocupar com a progressão na

---

de advogados e advogados-estagiários, aprovado em sessão do Conselho Geral de 7 de Julho de 1989, o requerimento para a inscrição deverá ser acompanhado de uma declaração, sob compromisso de honra, de o candidato não estar incurso em qualquer das incompatibilidades previstas pelo artigo 69.º do EOA (artigo 3.º, n.º 3), devendo a inscrição ser recusada quando o requerente esteja em situação de incompatibilidade [artigo 7.º, n.º 1, alínea d)], e suspensa pelo mesmo motivo (artigo 10.º, n.º 1), sendo que a suspensão da inscrição impede o exercício profissional, tal como se a inscrição não existisse (n.º 6 do mesmo artigo), incorrendo o advogado que continuar a exercer a profissão (apesar de suspenso) no crime previsto e punido no artigo 358.º do Código Penal (usurpação de funções), estando consequentemente sujeito a responsabilidade penal, cumulativa com a disciplinar.

sua carreira (ou outras vicissitudes) pode ser considerado um juiz livre e imparcial.

A escolha de uma das duas interpretações não é, evidentemente, arbitrária. Todavia, encontra-se dependente do descerrar de uma querela que há muito se arrasta e a cuja resolução, sempre adiada, correspondem diferentes e importantes corolários jurídicos.

Consiste a controvérsia em determinar se o artigo 69.º do EOA, ao enumerar as incompatibilidades do exercício da advocacia com a prática de determinadas actividades ou funções, e o artigo 73.º do mesmo diploma, obstando apenas em determinado circunstancialismo ao exercício da advocacia, são ou não são taxativos.

Se são, estará neles previsto o caso em análise?

Se, pelo contrário, são exemplificativos, alargando-se o elenco de incompatibilidades e de impedimentos a qualquer actividade ou função que ponha em causa a independência e dignidade da profissão nos termos do artigo 68º do EOA, vê-se o advogado impedido de intervir num processo quando seja vogal de um Conselho Superior, sob pena de pôr em risco o decoro e a independência da sua profissão?

CAPÍTULO VI (CONT.)
NATUREZA DOS PRECEITOS ESTATUIDORES DE INCOMPATIBILIDADES E IMPEDIMENTOS DO ESTATUTO DA ORDEM DOS ADVOGADOS

Urgiria responder em definitivo a uma contenda com tamanho alcance (³²).

Não dispondo da resposta última, analisemos o que decorreria da opção por cada uma das referidas correntes.

Comecemos pela última hipótese descrita, que determina, como explicámos, obedecer a fixação normativa dos artigos 69.º e 73.º a uma reserva de abertura postulada pelo preceito geral enunciado no artigo 68.º (³³).

A doutrina e a própria letra da lei obrigam-nos, porém, de imediato a vacilar perante o alcance do penúltimo preceito mencionado, que estabelece os impedimentos relativos — a doutrina —, pois desde logo há autores que, considerando o artigo 68.º indubitavelmente exemplificativo, se apressam a acrescentar ser o artigo 73.º, ao contrário, taxativo (³⁴), aconte-

---

(³²) Não podemos assumir posição definitiva sobre a *vexata quaestio* de saber se a enumeração do artigo 69.º é ou não taxativa, empresa que solicitaria trabalho bem mais complexo do que o presente, todavia igualmente inadiável.

(³³) Artigo ao qual correspondia no anteprojecto elaborado pela Ordem dos Advogados (**ROA,** n.º 40, pp. 199 e segs.) uma disposição mais completa e esclarecedora: "O exercício da advocacia é incompatível com qualquer actividade ou função que diminua a independência e a dignidade da profissão, proporcione vantagens em relação à generalidade dos advogados ou permita a angariação de clientela." Poder-se-ia levantar então, mais facilmente, para além de uma questão de dignidade, um problema de concorrência desleal, que aliás não é totalmente despiciendo, como se verá *infra,* capítulo VII.

(³⁴) Em concreto, António Arnaut, **Iniciação à Advocacia,** Coimbra Editora, 1999, p. 82, considerando taxativa a enumeração dos impedimentos feita pelo artigo 73.º, "por constituírem excepções à regra geral".

cendo que, verdadeiramente, a maioria daqueles que sobre o assunto se debruçam ou omitem qualquer referência a este respeito ou se limitam a considerar que os princípios da independência e da isenção "justificam" os impedimentos relativos ([35]), quando muito sugerindo que o artigo 68.º possa servir para resolver problemas de interpretação suscitados tanto pelo artigo 69.º como pelo 73.º ([36]), não indo mais longe na sua investigação.

Quanto à letra da lei, o artigo 68.º tem por epígrafe apenas "Âmbito das incompatibilidades", não aludindo a "impedimentos", residindo talvez na falta do argumento gramatical o motivo pelo qual *ad cautelam* os autores obnubilam o problema ([37]) ([38]).

Já quando se restringe a questão apenas ao alcance do artigo 69.º, acotovelam-se os autores que abraçam a tese de-

---

([35]) Respectivamente Amadeus Morais, *"As incompatibilidades: fundamentos deontológicos e legais"*, **Terceiro Congresso dos Advogados Portugueses,** Porto, 1990, pp.150-156, e Álvaro Pina, *Constitui ou não impedimento ao exercício da advocacia a qualidade de presidente de uma junta de freguesia,* **ROA,** Janeiro de 1998, p. 533.

([36]) Cf. Orlando Guedes da Costa, *Dos pressupostos do exercício da advocacia e da publicidade dos advogados, in* **Textos de Apoio do Centro Distrital do Porto,** II (não numerado), Porto, 1993.

([37]) E talvez ainda porque as razões que induzem tais autores a considerar peremptoriamente o artigo 69.º exemplificativo não encontrem tanto fundamento em relação ao artigo 73.º (*infra*, n.º 39).

([38]) Contudo, não deixa de nos surpreender que os autores que defendem ser o artigo 69.º exemplificativo não o façam simultaneamente em relação ao artigo 73.º, até por maioria de razão, na medida em que, se se considerar que o preceito geral do artigo 68.º permite à Ordem classificar outras actividades como incompatíveis com a advocacia, mais facilmente lhe permitiria o poder de delimitar o exercício da advocacia em determinadas circunstâncias, o que é naturalmente menos grave do que considerar que as duas actividades não podem ser em simultâneo exercidas, sabendo-se que, em regra geral, quem pode o mais pode o menos.

fensora de que este é meramente exemplificativo (³⁹), de que são os grandes princípios da isenção, da independência e da dignidade que cimentam os limites do regime que a lei fixa para o exercício da advocacia (⁴⁰).

Em tal contexto é legítimo perguntar se a dignidade (⁴¹)

(³⁹) Nomeadamente Álvaro Pina, *Constitui ou não impedimento ao exercício da advocacia a qualidade de presidente de uma junta de freguesia,* **ROA,** cit., Amadeus Morais, *"As incompatibilidades: fundamentos deontológicos e legais",* **Terceiro Congresso ...,** cit., António Arnaut, **Iniciação à Advocacia,** cit., e Augusto Lopes Cardoso, *Organização e Estatuto Social dos Juízes e Advogados,* **Scientia Iuridica — Revista de Direito Comparado Português e Brasileiro,** Janeiro/Dezembro de 1991, p. 97, n.º 177. Os argumentos de que se socorrem os defensores desta corrente consistem fundamentalmente: 1) no facto de não fazer sentido a inclusão no EOA de um preceito inútil; 2) na prática habitual de o legislador, em situações similares, começar por afirmar um princípio geral para depois o vir exemplificar com hipóteses concretas que correspondem a situações-tipo mais comuns e frequentes; 3) na comparação do EOA com o regime das incompatibilidades previsto no antigo EJ, que fazia destas uma enumeração indiscutivelmente taxativa, sendo, contudo, a rigidez de tal regime atenuada pela disposição do artigo 594.º do mesmo diploma, que expressamente preceituava que a Ordem, através do seu Conselho Geral, pudesse estabelecer "a incompatibilidade do exercício da advocacia com o de outras profissões e actividades consideradas susceptíveis de comprometer a dignidade ou o decoro do advogado" — não existindo actualmente tal válvula de escape, não em virtude de se terem diminuído os poderes da Ordem na definição das incompatibilidades, mas sim porque esta pode, ao abrigo do actual artigo 68.º, recusar ou suspender advogados inscritos, sempre que entenda estar em causa "a independência e dignidade da profissão".

(⁴⁰) No seguimento da autorização legislativa expressa na Lei n.º 1/84, de 15 de Fevereiro, que autorizava o governo a legislar para a *"revisão do capítulo do Estatuto Judiciário 'Do mandato judicial'",* estatuindo no artigo 2.º, alínea *f)*, que o sentido essencial da legislação a criar seria o de "redefinir o âmbito das incompatibilidades e impedimentos com o objectivo de assegurar a maior independência no exercício da advocacia".

(⁴¹) Tem também cabimento uma referência à independência do advogado, traduzida, neste contexto, não só na plena liberdade do advogado

da profissão não seria posta em causa mediante a intervenção de um advogado na eventualidade que temos vindo a analisar.

Efectivamente, é de entendimento generalizado que esta qualidade essencial do advogado está intimamente relacionada com a sua conduta no exercício da profissão e fora dela, com a probidade, com a honra e com a consideração pública que o mesmo deve merecer, sendo manifesta a proximidade do artigo 68.º com o n.º 1 do artigo 76.º do EOA, disposição que, ao estatuir que "o advogado deve, no exercício da profissão e fora dela, considerar-se um servidor da justiça e do direito e, como tal, mostrar-se digno da honra e responsabilidade que lhe são inerentes", deve iluminar, no entendimento de alguns autores, a par com o primeiro artigo referido, a matéria da interpretação das incompatibilidades ([42]).

Em consequência destas reflexões, retirar-se-ia que da profissão deveriam ser afastados todos aqueles que, pelas funções desempenhadas, não oferecessem objectivamente uma garantia de respeito e conformidade com os valores constantes das disposições legais citadas, sendo vital acautelar que o exercício da profissão de advogado se processasse sem a acumulação com outras funções objectivamente capazes de levantar, perante os outros advogados, magistrados e público em geral, dúvidas quanto à possibilidade de ser mantida a fidelidade aos princípios éticos basilares da profissão, impedindo situações de "promiscuidade" susceptíveis de fazer surgir aos olhos da opinião pública dúvidas quanto à transparência que a figura do advogado deve sempre reflectir ([43]).

Tais ponderações parecem-nos suficientes para que um advogado se deva considerar paralisado perante um juiz que

---

perante o poder, mas também perante os tribunais, terceiros e a opinião pública.

([42]) Cf. Amadeu Morais, *"As incompatibilidades: fundamentos deontológicos e legais"*, **Terceiro Congresso ...**, cit., p.151.

([43]) Id., *ibid*.

de si dependa de algum modo, sob pena de comprometer inevitavelmente a sua independência e dignidade. Todavia, mesmo admitindo que os órgãos da Ordem (como estatui a corrente sobre a qual agora nos debruçamos) podem, de facto, ao abrigo do artigo 68.º, estabelecer incompatibilidades não elencadas no artigo 69.º, não será imoderada a solução de a um advogado coarctar o exercício da advocacia em todos os restantes domínios em que não detenha qualquer potencial ou concreta influência sobre o juiz do pleito, visto que só no último caso se encontra a sua probidade comprometida, pelo que pecaria, por excesso, o estabelecimento de uma incompatibilidade absoluta com o exercício da advocacia no caso em foco?

Apresentaria, decerto, uma vantagem insofismável na perspectiva da defesa dos princípios constitucionais ameaçados, todavia contingente porque desproporcional ([44]).

Procedamos agora à etapa seguinte, ou seja, à análise da corrente que perfilha a opinião de que o artigo 69.º é, inversamente, taxativo ([45]).

([44]) Face a tal enquadramento seria preferível permitir aos órgãos da Ordem estabelecer um impedimento relativo, mas já se referiu a controvérsia sobre tal ponto *supra*, pp. 28 e segs.

([45]) Como pretendem, nomeadamente, Alfredo Gaspar, **Estatuto da Ordem dos Advogados,** 1985, p. 107, e Paulo Castro Rangel, *O princípio da taxatividade das incompatibilidades,* **ROA**, pp. 779-797, rebatendo este último autor os argumentos brandidos em favor da primeira tese, considerando: 1) que o "temível" espectro da inutilidade do artigo 68.º, na hipótese de se considerar o artigo 69.º taxativo, não tem razão de ser, na medida em que tem o valor de fundamentar as restrições que se operam no artigo 69.º e de fornecer o horizonte funcional à luz do qual devem ser lidas; 2) que a letra da lei não fornece qualquer elemento que aponte para o carácter exemplificativo do artigo 69.º, e que a prática habitual do legislador em reformulações normativas deste tipo não constitui argumento, pois justamente a circunstância de ser habitual significa que não é sistemática, não se conhecendo estatísticas de onde se retire a maior probabilidade

O passo necessário para defender a constitucionalidade dos artigos 53.º e 54.º do EOA será então o de tentar incluir numa das alíneas do artigo mencionado no anterior parágrafo a função de vogal do CSM, considerando-a, inerentemente,

---

de as enumerações legislativas serem exemplificativas e não taxativas; 3) que o argumento histórico demonstra precisamente o inverso daquele que a tese da enumeração exemplificativa pretende forjar, pois se, com efeito, o anterior EJ operava uma classificação taxativa de incompatibilidades, mas permitia à Ordem a "criação" de novas incompatibilidades, ao eliminar essa competência (que em boa verdade estava sujeita a uma homologação do Ministro da Justiça e a publicação oficial), o legislador quis exactamente reforçar o carácter taxativo das incompatibilidades. Este autor considera que a tese do carácter exemplificativo só é possível porque se recusa uma leitura constitucional das incompatibilidades, que nos leva a concluir que, consubstanciando o estabelecimento de cada nova incompatibilidade uma restrição (geral e abstracta) à liberdade de escolha da profissão, na sua faceta de direito de ingresso, torna-se evidente que a dita restrição é da exclusiva competência do legislador ordinário (Assembleia da República ou Governo, mediante autorização daquela) e não da Ordem dos Advogados.

Entendimento paralelo, assinale-se, foi assumido em relação à tentativa de atribuir ao CSM, por via de norma genérica, a faculdade de, casuisticamente, *"proibir o exercício de actividades estranhas à função, quando pela sua natureza sejam susceptíveis de afectar a independência ou a dignidade da função judicial"*, ensaiada pelo artigo 1.º do Decreto da AR n.º 120/VI, que aprovara alterações à Lei n.º 2/90, de 20 de Janeiro (que, por sua vez, introduzira modificações ao EMJ). Este ensaio obteve reprovação do TC, que, no seu Acórdão n.º 457/93, de 12 de Agosto (publicado no DR, série I-A, de 13 de Setembro de 1993), *apud* **Boletim do CSM,** *Parecer do CSM — Revisão Constitucional,* Fevereiro de 1997, n.º 10 (não paginado), considerou tal norma ferida de inconstitucionalidade material por violação do disposto nos n.ᵒˢ 2 e 3 do artigo 18.º da CRP, ponderando que *"não se coaduna com aqueles especiais e particularmente exigentes critérios de necessidade, adequação e proporcionalidade das restrições de direitos, liberdades e garantias postulados pelo artigo 18.º da CRP, uma solução legal que confere uma tão ampla margem de poderes de compreensão e restrição de direitos fundamentais dos juízes enquanto cidadãos a um órgão de natureza e vocação administrativa como é o CSM".*

incompatível com o exercício da advocacia. O malogro desta tentativa implicará, como consequência do exposto, a dissonância parcial dos dois últimos artigos referidos com a Lei Fundamental, por violação do princípio da imparcialidade.

Torna-se neste contexto vital acentuar que, em relação ao n.º 1 do artigo 68.º do Projecto do Estatuto dos Advogados Portugueses, foi eliminada, na redacção definitiva (que é a do actual artigo 69.º), entre outras funções e actividades que também se consideravam incompatíveis com o exercício da advocacia, precisamente a de membro do CSM que não fosse magistrado ([46]) ([47]), o que nos parece poder ter significados diferentes com divergentes derivações:

a) Efectivamente, pode ter sido considerada excessiva a solução de impedir, em termos absolutos, o exercício da advocacia durante a duração do cargo de vogal perante qualquer

---

([46]) Suplemento do n.º 10 do **BOA,** Janeiro de 1983.

([47]) Na versão aprovada em Conselho Geral como "documento de trabalho" do Projecto de Estatuto da Ordem dos Advogados de Portugal, (**ROA**, Dezembro de 1997, p. 1481), considera-se o exercício da advocacia incompatível com qualquer outra actividade profissional. É certo que há depois, no n.º 2 do artigo 80.º, uma vasta enumeração de actividades que não são consideradas profissionais, para efeitos de incompatibilidade com o exercício da advocacia, mas nestas não se encontra a de vogal do CSM, de onde se retira que não se permite o exercício cumulativo das duas funções. E, embora se permita ao Conselho Geral autorizar, em determinadas condições, a acumulação da advocacia com outras actividades (*vd.* n.º 3 do mesmo artigo), a deliberação deste órgão (que pode não só admitir ou indeferir a cumulação em termos absolutos como também condicioná-la) deverá subordinar-se à estrita observância dos princípios da igualdade, da proporcionalidade, da justiça e da imparcialidade, não podendo pôr em causa, directa ou indirectamente, as normas deontológicas da profissão. Se esta via prosseguir, estamos certos de que a solução concreta do caso em análise coincidirá com aquela que aqui propomos, interditando ao advogado intervir como mandatário nas condições sobejamente descritas, salvaguardando assim o princípio da imparcialidade.

outra jurisdição que fosse independente do Conselho Superior que o advogado integrasse (tal proibição teria nomeadamente por consequência, como frisámos, que o advogado vogal do CSM estivesse impedido de exercer a advocacia mesmo nos tribunais administrativos e fiscais). Desta forma, a intenção do legislador teria sido a de afastar efectivamente do elenco das actividades absolutamente incompatíveis com a advocacia o exercício do cargo de vogal do CSM, por considerar excessiva tal situação, entendendo que ao advogado restaria um campo lícito de actuação fora da orla dos tribunais judiciais. Esta possível interpretação da vontade do legislador consubstanciaria, como referimos, uma posição adequada deste perante o problema; todavia, teria como corolário inadiável, *de jure constituendo,* a inclusão de tal situação, correctamente delimitada, nos impedimentos relativos previstos no artigo 73.º do EOA;

b) Diversamente, pode o legislador ter entendido que tal situação se encontrava já salvaguardada pela alínea *e)* do artigo 69.º, que determina ser o exercício da advocacia incompatível com a função ou actividade de "magistrado judicial ou do ministério público, efectivo ou substituto, e funcionário ou agente de qualquer tribunal" [interpretação aflorada, aliás, no relatório do referido Acórdão n.º 627/98 do Tribunal Constitucional ([48])], seguramente não por meio de integração analógica (inaceitável numa enumeração taxativa), mas antes através de uma interpretação extensiva do preceito, admissível mesmo partindo do princípio — não inteiramente seguro ([49]) — de que o artigo 69.º se trata de uma norma excepcional, pois, nos termos do artigo 11.º do Código Civil, "as normas excepcionais não comportam aplicação analógica, mas admitem *interpretação extensiva";*

c) Finalmente, o legislador pode ter concluído que tal situação se achava já prevista e arredada, tendo em conta o

---

([48]) **DR,** II série, n.º 66, de 19 de Março de 1999, p. 4085.
([49]) Alfredo Gaspar, *op. cit.*, p.107.

vigente texto constitucional (de 1982) e a aplicação por este imposta aos membros do CSM das regras sobre incompatibilidades dos magistrados, sendo redundante acrescentar tal alínea na redacção definitiva do EOA.

Como se vê, as conclusões oscilam segundo as correntes interpretativas adoptadas quanto à natureza dos preceitos estatuidores de incompatibilidades e impedimentos do EOA, deixando pendente nada menos do que uma questão directamente conexa com o próprio princípio constitucional da imparcialidade dos tribunais: se considerarmos o artigo 69.º exemplificativo, é possível conceber a independência dos tribunais salvaguardada pelo preceito geral do artigo 68.º, que impõe ao advogado os deveres de independência e dignidade, logo de se abster de intervir num processo com tais condicionalismos (podendo, todavia, ser considerada excessiva a solução de impedir o exercício da advocacia em geral devido ao desempenho de tal função). Se, diferentemente, reputarmos o artigo 69.º taxativo e, cumulativamente, nos opusermos à solução de enquadrar o caso em estudo na sua alínea *e*) (nomeadamente por entendermos que, face aos trabalhos preparatórios, é de afastar tal conclusão), encontramo-nos numa situação em que o juiz está exposto, em que a imparcialidade é dubitativa e a violação da Constituição factível, na medida em que não se encontra disposição legal expressa que impeça o advogado de intervir nas condições esclarecidas.

Há todavia outra gama de preceitos que pode influenciar o campo de actuação lícito do advogado, e logo contribuir para a delimitação do real alcance da permissão, pelos artigos 53.º e 54.º, de o advogado exercer o seu mandato perante qualquer jurisdição: são estes os preceitos estatuidores dos deveres deontológicos dos advogados, previstos no capítulo V do EOA ([50]). Contudo, adiámos a sua análise, pois a solução

---

([50]) *Supra*, n.º 31.

que podem fundamentar será de último reduto, na medida em que ainda não é categórica. Cremos, infelizmente, que, considerando a questão na prática (pois a teoria é tantas vezes esquecida quando influentes interesses se contrapõem), até ao momento em que os órgãos da Ordem dos Advogados não deliberarem uma posição definitiva sobre matéria tão delicada, a extensão da permissão da actuação de um vogal de um Conselho Superior variará em função do critério que se adopte ao delinear o perfil dos advogados dos dias do hoje, ao delimitar quais devem ser as características essenciais da profissão do advogado e qual o real conteúdo das suas obrigações, critério que peca por assumir um teor subjectivo que conduz ao efectivo prejuízo actual da sua eficácia.

CAPÍTULO VII
A VIOLAÇÃO DOS DEVERES DEONTOLÓGICOS PREVISTOS NO CAPÍTULO V DO EOA

É nossa convicção que a meditação deontológica sobre o cerne da questão em estudo parte, no plano ético, da própria definição do advogado feita pelo EOA, nos n.ºs 1 e 2 do artigo 76.º, fundamentalmente como um servidor da Justiça e do Direito, independente e isento.

Surgindo certamente esta elevada categoria do mandatário judicial como servidor do direito e colaborador na administração da justiça como fonte de numerosas e prementes obrigações, umas de carácter moral e outras tipicamente profissionais a que o mandatário fica adstrito nas suas relações com o tribunal, com os magistrados, com a Ordem, com os seus colegas e naturalmente com os seus próprios constituintes, compaginando as duas funções aparentemente contraditórias que lhe incumbem: por um lado a tutela da parte, por outro a defesa da Justiça, dilema a resolver sem que nenhuma das incumbências resulte diminuída [51].

---

[51] Tal entendimento é constantemente preterido, divulgando-se a ideia de que o advogado serve apenas para fazer triunfar as pretensões do cliente, opinião depreciativa traduzida maioritariamente pelo juízo de que o advogado, pela própria natureza do seu ofício, serve sempre particulares interesses, bons ou maus, úteis ou prejudiciais, nunca tomando em conta o interesse geral na concretização da Justiça; quem com tal preconceito concebe a advocacia não compreende que, para além do interesse particular do cliente, o advogado serve o interesse da colectividade, que a relação entre os dois primeiros sujeitos envolve uma relação mais ampla cliente-sociedade, que se resolve em definitivo no exercício de uma autêntica função pública através da participação do advogado na realização da Justiça. E não deixa de ser legítimo afirmar que é através desta correcta concepção publicista do processo que a função do advogado se eleva e enobrece, em

Ao aceitar e assumir conscientemente tais encargos, o advogado confronta-se com princípios axiológico-normativos e mesmo com princípios políticos, devendo ter tais questões filosoficamente equacionadas e a consciência de que tal base ética postulada pelo EOA é, para além de "imposição" legal, uma espécie de "armadura" essencial à sua acção, porquanto esta se situa no domínio dos conflitos e no seio de uma sociedade em que, se por um lado se partilham genericamente os princípios de Justiça e se reconhecem as instituições de base que os concretizam, por outro lado não deixam de existir, como constatámos neste trabalho, acesas divergências e reivindicações relativas aos referidos princípios e instituições. O advogado actua no vértice onde os princípios e as instituições de base são testadas, manifestando (ou não) capacidade de arbitrar as contradições e fazer singrar o Justo ([52]).

Entendemos que um advogado vogal de um Conselho Superior que aceite um caso perante um tribunal em que detenha, nas condições analisadas, uma influência sobre o juiz, actual ou potencial, susceptível de comprometer o princípio constitucional da independência dos tribunais e a imparcialidade do

---

que este já não surge como mero defensor de interesses opostos ou simples mediador entre a parte e o juiz, mas como interventor com o fardo de *"servir a justiça e o direito"*, como diz Alberto Luís, *A profissão de advogado e a deontologia*, in **Textos de Apoio do Centro Distrital de Estágio do Porto,** I. Se é verídico que, historicamente, a advocacia surgiu como serviço de interesse privado, em que as partes lutavam, sendo o Estado um espectador passivo, tal concepção encontra-se hoje ultrapassada, e inegavelmente: no Estado Constitucional, a função legislativa está indissociavelmente ligada à função constitucional, sendo seu complemento indispensável, não podendo, por tal motivo, ser estranho o interesse público ao resultado do processo, uma vez que o que está em jogo é, na verdade, a aplicação da própria lei e da Constituição.

([52]) Ilime Portela, *A deontologia e as incompatibilidades no exercício da profissão, in* **Terceiro Congresso ...,** cit., p. 153.

julgador viola seguramente diversos deveres deontológicos enunciados neste capítulo V do EOA, determinando a aplicação de uma sanção a tal infracção disciplinar. E porquê?

Sabemos que as regras deontológicas mergulham as suas raízes nos tempos mais recuados, remontando a exigência de o advogado ser "de bons costumes" e de "sã consciência" ao início da actividade forense. E ainda hoje o artigo 76.º, o primeiro sobre o qual nos debruçaremos em concreto, preconiza, como deixámos entrever, uma *ethos* específica, mais rigorosa, subordinada às exigências de probidade e decoro profissionais ([53]) ([54]).

Servidor da Justiça e do Direito, antes de estar subordinado a uma obediência rígida à própria lei ([55]), o advogado pode e deve assim questionar-se, perante as situações concretas que experimenta: "Sou, de facto, servidor da Justiça e do Direito? Quem são os meus senhores? Como os reconheço? São os meus amos os que vejo reflectidos na lei ou procuro outros ([56])?" E deverá responder a tais questões com uma concepção substancial da Justiça, uma compreensão política formada, sendo certo que o pensamento filosófico e político de hoje forneceu já elementos sobre a Justiça ([57]) e o Estado de

---

([53]) Carlo Lega, **Deontologia Forense**, p. 311, assinala que, embora as tendências actuais não se orientem para uma rígida limitação moral do advogado, obrigam-no, todavia, a acreditar-se junto da opinião pública e também junto dos tribunais.

([54]) Mais do que competente e combativo, o advogado deve ser sério e justo, como refere António Arnaut, **Estatuto da Ordem dos Advogados**, Coimbra, 1997, p. 56.

([55]) Diferentemente dos juízes, que devem obediência à lei, como dita o n.º 2 do artigo 4.º do EMJ.

([56]) Interrogações sugeridas por Ilime Portela, *A deontologia e as incompatibilidades no exercício da profissão*, in **Terceiro Congresso ...**, *cit.*, p. 159.

([57]) Desde logo se relembra John Rawls, **A Theorie of Justice**, Harvard College, 1971, p. 21, *apud* Alfredo Gaspar, **Estatuto da Ordem**

Direito (⁵⁸) aptos a proporcionarem uma ponderação crítica no preenchimento de tais conceitos, tarefa intelectual em que o advogado se deverá empenhar e nunca preterir, formulando dessa forma o critério de actuação na situação que estudamos como em todas as outras.

Tomando agora em consideração a alínea *a*) do artigo 78.º, dilucidamos serem deveres do advogado perante a Comunidade (entre outros) o de pugnar pela boa aplicação das leis e pelo aperfeiçoamento das instituições jurídicas. A função ético-profissional do advogado emerge, mais uma vez, como regra orientadora e motivadora da profissão forense, devendo este capacitar-se de que a sua profissão não se exaure num círculo restrito de interesses pessoais, constituindo antes um elemento substancial da comunidade concreta dos homens. E então pergunta-se: pugnar-se-á pela boa aplicação da lei quando se dá origem a que a esta aplicação proceda um juiz que não ofereça garantias de imparcialidade? Pugnar-se-á pelo aperfeiçoamento das instituições jurídicas quando, através da intervenção num processo, o advogado ponha em causa o princípio da imparcialidade e independência dos tribunais? Não se vacila na resposta.

Debruçando-nos ainda sobre o mesmo artigo, deparamos, estatuído na alínea *e*), com o dever do advogado de protestar contra as violações dos Direitos Humanos, combatendo as arbitrariedades de que tiver conhecimento no exercício da profissão. Deve o advogado ser, assim, moralmente corajoso, lutando para defender uma pessoa, um direito, um princípio...

---

dos Advogados, cit., p. 121, quando considera ser a Justiça um ideal ou um valor cuja prossecução é dominada pelo princípio da imparcialidade como traço de uma associação humana bem ordenada.

(⁵⁸) Pensamento que, embora comportando algumas variantes teóricas, merece uma aceitação geral. Uma análise mais desenvolvida dos vectores básicos do Estado de Direito será desenvolvida *infra*, pp. 38 e segs.

Protestaria o nosso advogado, membro do CSM, em viva voz, contra a violação do direito de defesa da parte contrária? Não. Também aqui a contradição entre os deveres que oneram o advogado e a prática forense se comprova.

Ponderemos, por sua vez, dois imprescindíveis deveres que oneram o advogado face à sua Ordem: o primeiro que determina estar vedado ao advogado prejudicar os fins e o prestígio da Ordem dos Advogados e da advocacia [artigo 79.º, alínea *a*)]; e aqueloutro que prescreve a obrigação de colaborar nas atribuições da Ordem [artigo 79.º, alínea *b*)] — sendo fulcral ter presente que das atribuições cardinais enumeradas no artigo 3.º do EOA sobressaem a de defender o Estado de Direito e os direitos e garantias individuais, colaborando na realização da Justiça [alínea *a*)] e a de zelar pela função social, dignidade e prestígio da profissão de advogado [alínea *c*)].

Quanto ao primeiro preceito, se, por um lado, sabemos que o prestígio da Ordem é alicerçado no prestígio dos seus membros e que a falta cometida por um a todos atinge ([59]), por outro, também não nos parece benéfico para o prestígio da advocacia o seu exercício quando atenta contra princípios constitucionais e direitos na Lei Fundamental consagrados.

O encargo de colaborar na prossecução das atribuições da Ordem constitui, por seu turno (no que respeita à primeira alínea do artigo 3.º), o advogado numa responsabilidade que corrobora aquela que já lhe era atribuída pelo artigo 76.º, numa interpretação mais abrangente que na ocasião indiciámos ([60]), e que entendemos desenvolver agora com maior oportunidade.

Efectivamente, uma cogitação sobre a noção de Estado de Direito feita pelo prisma da advocacia deve partir de uma dupla diferenciação prévia: em primeiro lugar, não deve ser confundido com um mero *Rechtstaat*, ou simples Estado sob o

---

([59]) António Arnaut, **Iniciação à Advocacia,** cit., p. 49.

império da lei, ou seja, um Estado de Leis, pois uma advocacia digna de tal nome e da sua história deve ter por norte e orientação a Justiça (como já sublinhámos), valor apto a ordenar as relações interpessoais em paz e através de processos em constante progresso em ordem a atingir o bem comum (conceito simultaneamente jurídico e cultural). A segunda importante consideração é a de que o Estado de Direito não deve ser considerado como um *factum*, algo já conseguido e concluído. Na verdade, estamos perante um conceito muito mais abrangente do que uma mera referência a um ordenamento jurídico que se deve respeitar e aplicar, sendo antes um conceito que demanda constantemente à advocacia a sua aptidão para delinear horizontes de Justiça e para definir e lutar pelos direitos e garantias individuais, iluminado pelo princípio da dignidade da pessoa humana enquanto dignidade de homens livres ([61]).

Postulando assim o Estado de Direito um sentimento profundo de Justiça, coloca o advogado num permanente alerta quanto ao intérprete e aplicador da lei, pelo que aquele não deve deixar impressionar-se pela força aparente do direito positivo infraconstitucional se prescruta alguma desconformidade com o Direito Constitucional ([62]).

Todavia, não surpreende a constatação prática de que, em grande parte dos casos, o advogado (devido à rapidez e intensidade das exigências e obrigações da vida de hoje, devido à preocupação do ganho e à sobreposição da quantidade à qualidade) se incompatibiliza com uma investigação e elaboração

---

([60]) *Supra,* pp. 36 e 37.

([61]) Cf. José Maria Martínez Val, **Abogacía y Abogados**, Barcelona, 1993, pp. 191-192.

([62]) I Congresso Extraordinário dos Advogados Portugueses, *O advogado e a Ordem dos Advogados face à Sociedade Portuguesa e ao Estado de Direito,* **Tribuna da Justiça,** Dezembro de 1989, p. 80.

ponderada dos conceitos, com a reflexão adequada sobre os valores a unificar sob um mesmo estandarte, falhando a sua missão e (por vezes inadvertidamente) comprometendo os ideais que o deveriam orientar.

Refira-se que não colocámos propositadamente o problema da violação do dever do advogado para com a Ordem dos Advogados de suspender o exercício da profissão e requerer, no prazo máximo de 30 dias, a suspensão da inscrição na Ordem quando ocorre incompatibilidade superveniente, previsto na alínea e) do artigo 79.º, uma vez que deixámos tal questão em aberto no capítulo anterior, tendendo mesmo a achar que a afirmação de tal incompatibilidade seria excessiva e que a solução ideal seria a de incluir a situação cerne deste trabalho no elenco dos impedimentos relativos previstos no artigo 73.º do mesmo diploma ([63]).

Tem todavia cabimento colocar a questão do alcance do dever de lealdade previsto na alínea c) do n.º 1 do artigo 86.º e da probabilidade de na sua órbita se incluir a proibição da concorrência desleal (que não seria uma questão despicienda se um advogado se apresentasse profissionalmente como membro do CSM aos seus clientes, nomeadamente apondo tal qualidade na sua correspondência em papel timbrado, apesar de tal menção dever ser previamente autorizada pelo conselho distrital competente, nos termos do n.º 3 do artigo 80.º), na medida em que tal advogado surgiria sempre aos olhos do público e dos potenciais clientes em posição de vantagem em relação à generalidade dos advogados (proporcionando tal situação, objectivamente, uma inadmissível angariação de clientela).

É impossível, por sua vez, esquecer a situação deprimente do advogado da parte contrária, no caso concreto, nomeada-

---

([63]) Teríamos, todavia, curiosidade em saber a posição da Ordem se ocorresse a situação prevista na alínea d) do artigo 79.º do EOA, sendo um membro do CSM a requerer posteriormente a inscrição como advogado.

mente quando, nos termos da alínea c) do artigo 83.º do EOA, se confronta com o dever de dar ao cliente a sua opinião conscenciosa sobre o merecimento do direito ou pretensão que este invoca (sabendo no seu íntimo que, por mais razão que o seu cliente tenha, factores de si não dependentes podem interferir na solução final do pleito); e não será ainda o próprio dever de estudar com cuidado e tratar com zelo a questão que lhe incumbe, nos termos da alínea d) do mesmo artigo, prejudicado pela desmotivação que assolará o seu espírito, justificado pela dúvida sobre o efectivo triunfo da Justiça no caso probo que tem entre mãos? Ingrata e difícil é a sua posição processual.

Ultimando, faríamos uma menção residual ao n.º 2 do artigo 87.º, que assumiria eventualmente relevo se o advogado fizesse evidenciar a sua influência perante o juiz do pleito, ou mesmo qualquer intervenção ofensiva da independência deste último.

São primordialmente estes os ponderosos motivos que determinam a nossa persuasão de que um advogado cuja conduta integre o comportamento em apreciação neste estudo não age em conformidade com o Estatuto que o vincula.

E, convictos de que através dos exemplos mais prementes de violação dos deveres impostos pelo capítulo V do EOA assim expostos ([64]) lográmos demonstrar que o advogado

---

([64]) E também por vários preceitos do Código de Deontologia dos Advogados da Comunidade Europeia, adoptado por unanimidade pelos representantes das 12 Ordens da Comunidade Europeia, na sessão plenária do CCBE, em Estrasburgo, a 28 de Outubro de 1988, nomeadamente o ponto 2.2 (que tem por epígrafe *"Confiança e integridade moral"*; acrescente-se que já na **Declaração de Perúgia,** sobre os princípios deontológicos das Ordens dos Advogados dos Estados Membros das Comunidades Europeias, adoptada pela Assembleia Plenária da CCBE em 16 de Setembro de 1977, no ponto III, se afirmava que "as relações de confiança não podem existir quando há dúvidas sobre a honestidade, probidade, rectidão ou sinceridade do advogado. Para este, tais virtudes tradicionais

vogal do CSM que aceite um mandato a exercer perante um tribunal judicial ([65]) merece um juízo deontológico desfavorável, incorrendo mesmo em infracções disciplinares [na medida em que, nos termos do artigo 91.º do EOA comete infracção disciplinar o advogado que, por acção ou omissão, violar dolosa ou culposamente algum dos deveres decorrentes do Estatuto ([66])], julgamos que a Ordem dos Advogados deveria intervir no sentido aqui proposto, não só em termos concretos perante uma situação isolada (sendo o processo disciplinar da sua exclusiva competência, nos termos do artigo 90.º do

---

tornam-se obrigações profissionais") ou o ponto 5.1.2 (cuja epígrafe é, por sua vez, *"Solidariedade profissional"*). Esclareça-se que, estatutariamente, o CCBE, fundado em 1960, é o órgão de ligação entre as Ordens dos Advogados e associações profissionais similares dos Estados Membros das Comunidades Europeias, bem como entre as Ordens e associações e as autoridades comunitárias, tendo por objecto, segundo o artigo 1.º do seu Regulamento, "o estudo de todas as questões respeitantes à profissão de Advogado nos Estados Membros das Comunidades e a elaboração de soluções destinadas a coordenar e harmonizar o respectivo exercício" — resultando o Código Deontológico de uma necessidade, promovida pela intensificação das actividades além-fronteiras dos advogados, de definir regras uniformes, aplicáveis a todos os advogados da Comunidade, relativamente à mencionada prática além-fronteiras.

([65]) Por analogia, as mesmas conclusões se aplicam a um advogado membro do CSTAF perante os tribunais administrativos e fiscais.

([66]) Definindo-se assim a infracção disciplinar como qualquer comportamento merecedor de censura ético-jurídica do ponto de vista da dignidade da advocacia e do prestígio institucional da Ordem, bastando a mera culpa, sem necessidade de intenção. Tem sido entendido que a infracção disciplinar pode incidir sobre normas prescritivas e taxativas, mas também sobre regras gerais de comportamento que ponham em causa a dignidade, a isenção e a independência que ao advogado são exigíveis (Acórdão do Conselho Superior de 15 de Novembro de 1982, *apud* Augusto Lopes Cardoso, *Organização e estatuto social dos juízes e advogados*, **Scientia Iuridica — Revista de Direito Comparado Português e Brasileiro**, cit., Universidade do Minho, Janeiro/Dezembro de 1991, p. 105).

EOA), como também e fundamentalmente delimitando negativamente, em termos gerais e conclusivos, o alcance dos artigos 53.º e 54.º do mesmo diploma, não só através da resolução do problema da taxatividade ou não do artigo 69.º, como ainda explicitando os termos e limites em que os deveres deontológicos oneram o advogado, defendendo deste modo o Estado de Direito, os direitos e garantias individuais, colaborando na administração da justiça, e simultaneamente zelando pela função social, dignidade e prestígio da profissão de advogado, promovendo o acesso ao conhecimento e aplicação do direito e contribuindo para o desenvolvimento da cultura jurídica, atribuições que lhe são adjudicadas pelo artigo 3.º do EOA [67].

Imperiosa é a finalização deste capítulo parafraseando Ossório y Gallardo no momento em que o autor considera que a hora crítica para a ética profissional é precisamente aquela em que o advogado tem de decidir-se a aceitar ou a recusar a causa que se lhe pretende confiar: "Conforme a joeira for de rede mais fina ou mais grossa, assim ficarão comprometidos, ou não, a paz social, o prestígio pessoal e até a prestação de contas na eternidade [68]". Pois é impreterível o compromisso

---

[67] Ou, mais concretamente, no âmbito da alínea *a)* do artigo 42.º, podia o Conselho Geral emitir um parecer doutrinal sobre as matérias concernentes, fazendo-as difundir em público, nomeadamente através dos seus principais meios de informação — o **Boletim da Ordem dos Advogados** ou a **Revista da Ordem dos Advogados** —, devendo ainda o mesmo órgão, no âmbito da alínea *b)* do mesmo artigo, propor as alterações legislativas convenientes, nomeadamente um alargamento do elenco dos impedimentos relativos. Sendo ainda da sua competência deliberar sobre todos os assuntos concernentes ao exercício da profissão, aos interesses dos advogados e à gestão da Ordem que não estejam cometidos especialmente a outros órgãos desta [alínea *c)*] seria indubitavelmente do maior interesse e urgência que se debruçasse sobre as questões levantadas.

[68] *Apud* Ary de Almeida Elias da Costa, **Do Mandato Judicial**, edição do Autor, 1966, p. 77.

integral com os princípios de valor ético na actividade profissional legal: a função do advogado é simultaneamente social (devido à sua indispensável actuação para a realização da Justiça) e constitucional (mediante a garantia do direito de defesa, expressão primeira do direito à liberdade), sendo insofismável que a sua conduta tem de ser inspirada pelos valores ideais para a salvaguarda de tais princípios.

Noblesse oblige: se a nobreza da Toga se cifra em servir a Sociedade com a Justiça, tal tarefa não admite desertores.

CONCLUSÕES

Situação actual

1. O princípio da imparcialidade, essência da função jurisdicional, imbui toda a regulamentação constitucional da Justiça, sendo um postulado do Estado de Direito;
2. Tal constatação justifica a premência de meios normativos adequados a assegurar que o juiz não seja coagido a desvirtuar a função de declaração do direito de que está investido;
3. Necessidade que se encontrou na origem da criação, pela Constituição de 1976, de um órgão independente e autónomo que procedesse ao preenchimento dos lugares de juiz dos tribunais judiciais, zelando pelo desenvolvimento e gestão da sua carreira — o CSM —, num esforço de reforçar as garantias do cidadão pelo acesso a órgãos judiciais independentes e imparciais;
4. Órgão cuja composição foi constitucionalizada na Revisão Constitucional de 1982 e onde se incluíram, para além de magistrados, vogais a designar pelo Presidente da República e pela Assembleia da República, sendo que tais vogais, até à Revisão Constitucional de 1989, estavam sujeitos ao mesmo regime de incompatibilidades que vinculava os magistrados (conforme estatuía o artigo 223.º, na redacção dada pela Lei Constitucional n.º 1/82, de 30 de Setembro), não podendo consequentemente exercer quaisquer outras funções, públicas ou privadas (salvo as funções de docentes ou de investigação científica de natureza jurídica não remuneradas nos termos da lei);
5. O legislador constituinte de 1989, porém, considerou tal proibição desproporcional, mormente porque afastava da

composição do CSM juristas, professores de direito e advogados, eliminando assim do texto constitucional a referência às incompatibilidades e conservando aos membros do CSM as mesmas garantias dos juízes (artigo 220.º n.º 2, da Constituição, na redacção dada pela LC n.º 1/89, de 8 de Julho);

6. A recente Lei n.º 81/98, de 3 de Dezembro, alterou o n.º 1 do artigo 148.º do EMJ, em consonância com a referida alteração constitucional, eliminando as dúvidas de interpretação que haviam sido suscitadas por um acórdão do TC pelo facto de não ter havido uma transposição imediata do regime constitucional para a lei ordinária;

7. Concluindo-se seguramente que hoje um vogal do CSM — com inerente voto em matérias que tocam directamente na carreira profissional dos juízes — pode ser um advogado.

Delimitação do problema

8. Perante tal contexto, indaga-se da constitucionalidade dos artigos 53.º e 54.º do EOA, ao permitirem ao advogado exercer o seu mandato forense em todas as jurisdições, com competência plena e absoluta, quer do ponto de vista territorial e hierárquico, quer, principalmente — no caso em estudo — material;

9. Na medida em que é de fácil compreensão que, se tal possibilidade não estiver cerceada pelas cautelas apropriadas (se não a nível constitucional, pelo menos a nível legal), se propicia a violação do princípio constitucional da imparcialidade, na medida em que se configura a hipótese de um advogado intervir num processo como mandatário de uma das partes, detendo simultaneamente poderes de gestão e disciplinares sobre o juiz que decide o pleito;

10. A averiguação da constitucionalidade dos artigos 53.º e 54.º encontra-se dependente do seu confronto com os precei-

tos inseridos no conjunto de normas respeitantes à matéria em que estão integrados, no âmbito de uma necessária interpretação sistemática, pelo que se torna indispensável a análise dos preceitos do EOA que fazem a demarcação negativa do seu campo de aplicação, nomeadamente os que estabelecem incompatibilidades e impedimentos relativos e os que estabelecem os deveres deontológicos do advogado;

11. Se se constatar a não existência de qualquer disposição apta a afastar a intervenção do advogado "perante qualquer jurisdição", a ilação a retirar é a de que os dois artigos são parcialmente inconstitucionais, precisamente na medida em que a um advogado membro de um Conselho Superior permitem exercer o mandato perante juízes dependentes deste Conselho;

12. Acontece que a primeira série de preceitos referidos — relacionados com as incompatibilidades e impedimentos relativos — é objecto de entendimentos divergentes da doutrina, não tomando a Ordem dos Advogados uma posição integralmente assumida sobre o seu alcance, o que deixa o entendimento sobre o campo lícito de actuação do advogado dependente da corrente interpretativa adoptada e, logo, a violação factível da Constituição;

13. Por sua vez, os preceitos estatuidores dos deveres deontológicos dos advogados previstos no capítulo V do EOA apelam a conceitos cujo alcance carece de uma aprofundada interpretação e cuja eficácia se encontra, consequentemente, dependente de um juízo de valor sobre a consistência ética do advogado hodierno (se bem que para nós seja líquido que tais deveres obstam à intervenção do advogado no processo na questão em análise, a prática actual dos advogados não corrobora tal entendimento, bem pelo contrário);

14. Constatação que nos conduz a uma conclusão insatisfatória (porque dubitativa) acerca do real âmbito de aplicação (e consequentemente da constitucionalidade) do artigo

53.º e do artigo 54.º, dependente da resolução de delicadas questões prévias sobre as quais não podemos fazer mais do que uma enunciação ou arriscar uma opinião provisória;

15. É, todavia, irrefutável que permitir a um advogado vogal do CSM que exerça o seu mandato num tribunal deste dependente equivale a permitir que seja violado o princípio constitucional da independência, na dupla acepção que foi defendida neste trabalho.

Propostas de resolução

16. Como tal, e independentemente da posição assumida sobre se a disposição do artigo 68.º do EOA fica ou não esgotada pela enumeração do n.º 1 do artigo 69.º e pelo artigo 73.º do mesmo diploma (cabendo, no último caso aos órgãos da Ordem apreciar casuisticamente as situações ao abrigo da disposição do referido artigo 68.º), é fundamental proceder-se, por segurança jurídica, a uma correcção do elenco dos impedimentos relativos contidos no artigo 73.º do EOA, pelo que pensamos que o Conselho Geral da Ordem dos Advogados deveria propor as alterações legislativas convenientes, no exercício da competência que para tal lhe é atribuída pela alínea *b)* do artigo 42.º do EOA;

17. Em tal elenco deverá ser incluída a impossibilidade de um advogado membro de um Conselho Superior intervir num processo a correr termos na jurisdição sobre a qual, naquela qualidade, detém poderes de gestão e disciplina;

18. Enquanto tal correcção legislativa não tem lugar, o Conselho Geral deveria definir a posição da Ordem dos Advogados sobre o problema em estudo através do recurso à essência da profissão, deliberando violar os deveres deontológicos impostos pelo EOA o advogado que não se abstivesse de intervir num processo nas circunstâncias expostas, independentemente das consequências processuais que ao caso se adeqúem;

Consideramos que as medidas propostas, a serem adoptadas, reflectiriam uma ponderação séria e necessária sobre a função social e constitucional do advogado, bem como sobre a natureza do CSM como órgão constitucional a que é atribuído um poder político-administrativo fundamental e vinculado a um objectivo impreterível: a defesa da independência dos tribunais. Pois ao poder-dever da jurisdição, que ao Estado compete em exclusivo, corresponde um direito inalienável dos cidadãos: o direito a que o Estado exerça esse poder segundo o verdadeiro princípio da jurisdição, já que só assim ficam garantidas a liberdade e a personalidade do ser humano.

NOTAS BIBLIOGRÁFICAS

As traduções para português em que não tenha sido indicado o nome de um tradutor são da responsabilidade da Autora.

Nas notas de rodapé as obras são citadas indicando-se o nome do autor, título, local, data de publicação e página (por vezes abreviando-se, se demasiado extenso); nas referências subsequentes ao mesmo autor, as indicações seguintes à do seu nome serão substituídas por *"op. cit."* ou, se o autor tiver mais de uma obra indicada na bibliografia, utilizar-se-á o título abreviado, seguido de "cit.". No caso de ser, numa nota, citado mais de um autor, seguir-se-á, sempre que adequado, a ordem alfabética.

Para não sobrecarregar as notas e o próprio texto, serão utilizadas as seguintes abreviaturas:

- **BMJ — Boletim do Ministério da Justiça**
- **BOA — Boletim da Ordem dos Advogados**
- CCBE — Conselho das Ordens de Advogados da Comunidade Europeia (constituído em 1960 sob a designação inicial de Comissão Consultiva das Ordens dos Advogados das Comunidades Europeias — Comission consultative des Barreaux de la Communauté Européenne).
- Cont. — Continuação
- CPC — Código de Processo Civil
- CRP — Constituição da República Portuguesa
- CSJ — Conselho Superior Judiciário
- CSM — Conselho Superior da Magistratura
- CSTAF — Conselho Superior dos Tribunais Administrativos e Fiscais
- **DAR — Diário da Assembleia da República**
- DL — Decreto-Lei
- **DR — Diário da República**
- DUDH — Declaração Universal dos Direitos do Homem
- EJ — Estatuto Judiciário

- EMJ — Estatuto dos Magistrados Judiciais
- EOA — Estatuto da Ordem dos Advogados
- ETAF — Estatuto dos Tribunais Administrativos e Fiscais
- LC — Lei Constitucional
- **RMP — Revista do Ministério Público**
- **ROA — Revista da Ordem dos Advogados**
- STJ — Supremo Tribunal de Justiça
- TC — Tribunal Constitucional

ÍNDICE DE JURISPRUDÊNCIA
DO TRIBUNAL CONSTITUCIONAL

Acórdão n.º 143/85 do TC, Plenário — processo n.º 139/84 (**Diário da República,** I série, n.º 202, de 3 de Setembro de 1985, pp. 2854-2864).

Acórdão n.º 52/92 do TC, Plenário — processo n.º 10/89 (**Diário da República,** I série, n.º 62, de 14 de Março de 1992, pp. 1315-1321).

Acórdão n.º 457/93 do TC, Plenário, de 12 de Agosto de 1993 (**Boletim do Ministério da Justiça,** Outubro de 1993, n.º 429, p. 398).

Acórdão n.º 279/98 do TC, 2.ª Secção — processo n.º 199/95 (**Diário da República,** II série, n.º 159, de 13 de Julho de 1998, pp. 9675-9680).

Acórdão n.º 627/98 do TC, 1.ª Secção — processo n.º 170/97 (**Diário da República,** II série, n.º 66, de 19 de Março de 1999, pp. 4085-4086).

ÍNDICE DE JURISPRUDÊNCIA, PARECERES E DOCUMENTOS DE TRABALHO DOS ÓRGÃOS DA ORDEM DOS ADVOGADOS

CONSELHO GERAL DA ORDEM DOS ADVOGADOS — Parecer de 7 de Maio de 1987 — *Exercício da advocacia: incompatibilidades.* Relator: Osvaldo Gomes (**Boletim da Ordem dos Advogados,** Maio/Junho de 1987, II, n.º 3, pp. 27-28).

CONSELHO GERAL DA ORDEM DOS ADVOGADOS — Acórdão de 5 de Junho de 1992 — *Incompatibilidades.* Relator: Sebastião Honorato (Lisboa, **Revista da Ordem dos Advogados,** Abril de 1992, ano 52, I, pp. 295-300).

CONSELHO GERAL DA ORDEM DOS ADVOGADOS (Plenário) — Parecer de 29 de Maio de 1994. Relator: José Robin de Andrade (**Boletim da Ordem dos Advogados,** Maio/Junho de 1994, III, n.º 3, pp. 36-40).

CONSELHO GERAL DA ORDEM DOS ADVOGADOS (versão aprovada como "documento de trabalho") — Projecto de Estatuto da Ordem dos Advogados de Portugal (Lisboa, **Revista da Ordem dos Advogados,** Dezembro de 1997, ano 57, III, pp. 1439-1571).

CONSELHO GERAL DA ORDEM DOS ADVOGADOS — Parecer E/1088, de 18 de Junho de 1997 — *Incompatibilidades e impedimentos.* Relator: João Correia (Lisboa, **Revista da Ordem dos Advogados,** Dezembro de 1998, ano 58, III, pp. 1305-1308).

CONSELHO GERAL DA ORDEM DOS ADVOGADOS — Parecer E/28, de 3 de Outubro de 1997 — *Constitui ou não impedimento ao exercício da advocacia a qualidade de presidente de uma junta de freguesia?* Relator: Álvaro Pina (Lisboa, **Revista da Ordem dos Advogados,** Janeiro de 1998, ano 58, III, pp. 533-534).

CONSELHO GERAL DA ORDEM DOS ADVOGADOS (Plenário) — processo n.º RI/14/99 — *Incompatibilidades funcionais e estatutárias* (**Boletim da Ordem dos Advogados,** Setembro/Outubro de 1999, n.º 5/99, p. 13).

CONSELHO SUPERIOR DA ORDEM DOS ADVOGADOS (Plenário) — *Incompatibilidade com o exercício da advocacia* (Lisboa, **Revista da Ordem dos Advogados,** Dezembro de 1996, ano 56, III, pp. 1171-1187).

ÍNDICE DE LEGISLAÇÃO
E TRABALHOS PREPARATÓRIOS

- Código de Deontologia dos Advogados da Comunidade Europeia, de 28 de Outubro de 1988.
- Constituição da República Portuguesa de 1933.
- Constituição da República Portuguesa de 2 de Abril de 1976.
- Declaração de voto enviada à Mesa para publicação relativa ao projecto de lei n.º 585/VII.
- DL n.º 926/76, de 31 de Dezembro — Lei Orgânica do Conselho Superior da Magistratura.
- DL n.º 84/84, de 16 de Março — Estatuto da Ordem dos Advogados.
- Lei n.º 85/77, de 13 de Dezembro — Estatuto dos Magistrados Judiciais.
- Lei n.º 29/78, de 12 de Junho — aprova para ratificação o Pacto Internacional dos Direitos Civis e Políticos.
- Lei n.º 65/78, de 13 de Outubro — aprova para ratificação a Convenção Europeia dos Direitos do Homem.
- Lei n.º 21/85, de 30 de Julho — Estatuto dos Magistrados Judiciais.
- Lei n.º 33/94, de 6 de Setembro — altera o Estatuto da Ordem dos Advogados.
- Lei n.º 81/98, de 3 de Dezembro — altera o Estatuto dos Magistrados Judiciais.
- Lei n.º 143/99, de 31 de Agosto — altera o Estatuto dos Magistrados Judiciais.
- LC n.º 1/82, de 30 de Setembro.
- LC n.º 1/89, de 8 de Julho.
- LC n.º 1/92, de 25 de Novembro.
- LC n.º 1/97, de 20 de Setembro.
- Projecto de lei n.º 585/VII.
- Proposta de lei n.º 276/VII (**Diário da Assembleia da República,** série II-A, n.º 60, de 6 de Maio de 1999).

- Trabalhos preparatórios da Revisão Constitucional de 1989 relativos ao Conselho Superior de Magistratura (**Diário da Assembleia da República,** II série, CERC, n.º 49-RC, de 22 de Outubro de 1988; **Diário da Assembleia da República,** I série, n.º 85, de 23 de Maio de 1989; **Diário da Assembleia da República,** II série, CERC, n.º 110-RC, de 24 de Maio de 1989; **Diário da Assembleia da República,** II série, CERC, n.º 91-RC de 26 de Maio de 1989; **Diário da Assembleia da República,** II série, CERC, n.º 92-RC, de 27 de Maio de 1989; **Diário da Assembleia da República,** I série, n.º 89, de 31 de Maio de 1989).

BIBLIOGRAFIA

ABRAVANEL, Philippe — *A deontologia do juiz* (extracto da conferência proferida no Conselho da Europa a 6 de Setembro de 1994), **Pratique juridique actuelle**, Suíça, Maio de 1995.

AFONSO, Orlando — *Que justiça? Que instituições judiciárias?*, **Tribuna da Justiça,** Dezembro de 1989, n.º 1, pp. 76-79.

AFONSO, Orlando — *A imparcialidade e a independência dos juízes nos regimes democráticos (garantias de independência),* **Boletim Informativo do Conselho Superior da Magistratura**, Abril de 1994, n.º 2 (não paginado).

AFONSO, Orlando — *Notas sobre o Conselho Superior da Magistratura,* **Boletim Informativo do Conselho Superior da Magistratura**, Março de 1995, n.º 5 (não paginado).

AFONSO, Orlando, e CORREIA, João — *Orlando Afonso e João Correia em frente a frente,* **Vida Judiciária**, Dezembro de 1997, pp. 5-17.

AFONSO, Orlando, e CORREIA, João — *Conselho Superior da Magistratura, Ordem dos Advogados e acção disciplinar,* **Vida Judiciária,** Dezembro de 1997, pp. 18-19.

ALMEIDA, L. P. Moitinho de — **Responsabilidade Civil dos Advogados**, 2.ª ed., Coimbra, Coimbra Editora, 1998.

ARNAUT, António — **Iniciação à Advocacia — História — Deontologia — Questões Práticas,** Coimbra, Coimbra Editora, 1999.

ARNAUT, António — **Estatuto da Ordem dos Advogados**, 3.ª ed., Coimbra, Fora do Texto, 1997.

ASSEMBLEIA PLENÁRIA DA COMISSÃO CONSULTIVA DAS ORDENS DOS ADVOGADOS DAS COMUNIDADES EUROPEIAS — **Declaração de Perúgia,** de 16 de Setembro de 1977.

ASSOCIAÇÃO SINDICAL DOS JUÍZES PORTUGUESES — **Colectânea de Jurisprudência,** Coimbra, 1995, ano XX, tomo III, pp. 9-17.

BASTOS, J. Rodrigues — *Magistratura judicial, in* **Polis, Enciclopédia da Sociedade e do Estado,** IV, Editorial Verbo, Lisboa/ São Paulo, 1986, pp. 16-19.

CAMPINHO, Alberto — **Independência e Unidade da Judicatura,** Braga, Livraria Minho, 1994.

CANOTILHO, J. J. Gomes, e MOREIRA, Vital — **Constituição da República Portuguesa Anotada,** Coimbra, Coimbra Editora, L.da, 1978.

CANOTILHO, J. J. Gomes, e MOREIRA, Vital — **Constituição da República Portuguesa — Lei do Tribunal Constitucional,** 2.ª ed., Coimbra, Coimbra Editora, L.da, 1989.

CANOTILHO, J. J. Gomes, e MOREIRA, Vital — **Constituição da República Portuguesa Anotada,** 3.ª ed., Coimbra, Coimbra Editora, L.da, 1993.

CARDOSO, Augusto Lopes — *Organização e estatuto social dos juízes e advogados,* **Scientia Iuridica — Revista de Direito Comparado Português e Brasileiro,** Universidade do Minho, Janeiro/Dezembro de 1991, tomo XL, n.os 229-234, pp. 63-107.

CASTELAIN, Jean, *et al.* — *La deontologie de l'avocat,* **Recueil Dalloz Syrey,** Paris, 10 de Outubro de 1996, n.º 35, pp. 311-315.

CENTRO DE ESTUDOS JUDICIÁRIOS — **A Justiça e o Advogado,** Coimbra, Centelha — Promoção do Livro, SARL, 1977.

COMITÉ DIRECTIVO CENTRAL DA "ASSOCIAZIONE NAZIONALI MAGISTRATI" — *Código Ético dos Magistrados* (aprovado em 7 de Maio de 1994), **Documenti Giustizia** (tradução de Álvaro de Sousa Figueira), 1994, n.os 7 e 8.

CONGRESSO DOS ADVOGADOS PORTUGUESES: 1.º Congresso, Lisboa, 16 de Novembro de 1972; 2.º Congresso, Lisboa, 19 a 22 de Dezembro de 1985; 1.º Congresso Extraordinário, Lisboa, 4 a 7 de Maio de 1989; 3.º Congresso, Porto, 25 a 28 de Outubro de 1990; e 4.º Congresso, Funchal, 18 a 21 de Maio de 1995, **Boletim da Ordem dos Advogados,** 31 de Janeiro de 1996.

I CONGRESSO EXTRAORDINÁRIO DOS ADVOGADOS PORTUGUESES (conclusões), **Tribuna da Justiça,** Dezembro de 1989, n.º 1, pp. 80-89.

CONSELHO SUPERIOR DA MAGISTRATURA (parecer) — *Revisão Constitucional,* **Boletim Informativo do Conselho Superior da Magistratura,** Fevereiro de 1997, n.º 10 (não paginado).

COSTA, Ary de Almeida Elias da — **Do Mandato Judicial,** Póvoa do Varzim, edição do Autor, 1966.

COSTA, Eduardo Maia — *Tribunais: independência e legitimidade,* **Revista do Ministério Público,** Outubro/Dezembro de 1996, ano 17, n.º 68, pp. 125-134.

COSTA, Orlando Guedes da — *Dos pressupostos do exercício da advocacia e da publicidade dos advogados, in* **Textos de Apoio do Centro Distrital de Estágio do Porto,** II, Porto, Ordem dos Advogados (1.ª parte), 1993, 118 pp. (não numeradas).

COUTINHO, J. L. Pereira, MEIRIM, José Manuel, TORRES, Mário, e ANTUNES, Miguel Lobo — **Constituição da República Portuguesa — 2.ª Revisão** (colecção jurídica), Lisboa, Editorial Notícias, 1998.

CRUZ, José Raimundo Gomes da — *O IX Congresso Mundial de Direito Judiciário — subordinado ao tema do papel e organização de advogados e magistrados (resumo),* **Scientia Iuridica — Revista de Direito Comparado Português e Brasileiro,** Universidade do Minho, Janeiro/Dezembro de 1991, tomo XL, n.ºs 229-234, pp. 241-248.

CUNHA, Paulo Ferreira da — **Res Publica — Ensaios Constitucionais,** Coimbra, Livraria Almedina, 1998.

DANOVI, Remo — **Codice deontologico forense — Le norme deontologiche,** I, Milano, Edizioni Giuridiche Economiche Aziendali dell'Università Bocconi e Giuffrè Editori S.p.A., 1993.

EIRÓ, Miguel — *Relatório sobre uma reunião do CCBE em Viena de Áustria,* **Revista da Ordem dos Advogados,** Lisboa, Julho de 1998, ano 58, II, pp.1057-1060.

FERRAJOLI, Luigi — *Justiça e Democracia,* **Revista do Ministério Público,** Outubro/Dezembro de 1997, ano 18, n.º 72, pp. 11-29.

FOCHS, Rafael Calderon, et al. — *Per una advocacia compromesa amb la societat,* **Món Jurídic,** Barcelona, Setembro/Outubro de 1996, n.º 129, pp. 72-76.

FREITAS, José Lebre de, REDINHA, João, e PINTO, Rui — **Código de Processo Civil Anotado,** I, Coimbra, Coimbra Editora, L.da, 1999.

GASPAR, Alfredo — **Estatuto da Ordem dos Advogados Anotado,** S. L, Editora Jornal do Fundão, 1985.

GÁUDARA, Alfonso Álvarez — *Deontologia profissional, in* **Primeiro Encontro de Advogados do Arco Atlântico,** Lisboa, Biblioteca da Ordem dos Advogados, 1996 (não paginado).

GODINHO, José Magalhães — *Incompatibilidades, in* **Três Comunicações (Apresentadas ao I Congresso Nacional de Advogados de Novembro de 1972),** Lisboa, edição do Autor, 1973.

GUARNIERI, Carlo — *A independência da magistratura,* **Tribuna da Justiça,** Maio de 1982, pp. 10-11.

HAMELIN, Jacques — **Entretiens sur la Justice contemporaine,** Paris, Éditions Dalloz, 1970.

JÚDICE, José Manuel Alarcão — *Advocacia: um admirável mundo novo?,* **Revista da Ordem dos Advogados,** Lisboa, Janeiro de 1998, ano 58, I, pp. 627-636.

LAMBERT, Pierre — **Règles et usages de la profession d'avocat du barreau de Bruxelles,** 3.ª ed., Bruxelles, Éditions Bruylant, 1994.

LAMY, Alberto Sousa — **Advogados — Elogio e Crítica,** Coimbra, Almedina, 1984.

LEGA, Carlo — **Deontologia Forense,** Milano, Dott. A. Giuffrè Editore, 1975.

LIBERATI, Edmondo Bruti — *O estatuto e a estrutura da carreira da magistratura italiana,* **Revista do Ministério Público,** Janeiro/Março de 1988, ano 19, n.º 47, pp. 85-98.

LOPES, Diamantino Marques — *O Código Deontológico do Conselho das Ordens dos Advogados da Comunidade Europeia, in* **Terceiro Congresso dos Advogados Portugueses — Relatórios e Comunicações,** Porto, 25, 26, 27 e 28 de Outubro de 1990, pp. 211-220.

LOPES, J. E. Gonçalves — *Poder judicial — crónica de uma revisão constitucional anunciada,* **Revista de Direito Público,** Lisboa, Janeiro/Junho de 1996, ano 9, n.º 17, pp. 25-40.

LUÍS, Alberto — *A profissão de advogado e a deontologia, in* **Textos de Apoio à Advocacia do Centro Distrital de Estágio do Porto,** I, Ordem dos Advogados, Porto, 1994, 34 pp. (não numeradas).

MACHADO, Marcello — *Esgotamento do modelo do poder judiciário: proposta de mudança,* in **Anais da XVI Conferência Nacional da Ordem dos Advogados do Brasil,** Fortaleza, 1 a 5 de Setembro de 1996.

MAGALHÃES, Fernando Sousa — *O sentido ético e humanístico da advocacia,* **Boletim da Ordem dos Advogados,** Maio/Julho de 1994, n.º 3, III, pp. 9-11.

MAGALHÃES, José — **Dicionário da Revisão Constitucional,** Lisboa, Editorial Notícias, 1999.

MAGALHÃES, Pedro Coutinho — *Democratização e independência judicial em Portugal,* **Análise Social,** 1990, vol. XXX, 130, 4.ª série, pp. 51-91.

MATOS, Joaquim Fonseca Henriques de — *A independência do poder judicial e o Conselho Superior da Magistratura,* **Boletim Informativo do Conselho Superior da Magistratura,** Janeiro de 1999, n.º 13, pp. 4-12.

MATOS, Joaquim Fonseca Henriques de — *O Conselho Superior da Magistratura um ano e meio após as eleições de Fevereiro de 1998,* **Boletim Informativo do Conselho Superior da Magistratura,** Dezembro de 1999, n.º 2, pp. 5-10.

MENDES, João de Castro — *Artigo 206.º (Função jurisdicional),* in **Estudos sobre a Constituição,** I, Lisboa, Livraria Petrony, 1977, pp. 395-396.

MENDES, João de Castro — *Nótula sobre o artigo 208.º da Constituição — independência dos juízes,* in **Estudos sobre a Constituição,** III, Lisboa, Livraria Petrony, 1977, pp. 649-660.

MESQUITA, A. L. Costa — *Tribunal,* in **Polis, Enciclopédia da Sociedade e do Estado,** V, Lisboa/São Paulo, Editorial Verbo, 1987, p. 1312.

MIRANDA, Jorge — **Constituição e Democracia,** Lisboa, Livraria Petrony, 1976.

MIRANDA, Jorge — **Manual de Direito Constitucional,** II, Coimbra, Coimbra Editora, L.da, 1991.

MIRANDA, Jorge — **Manual de Direito Constitucional,** IV, 2.ª ed., Coimbra, Coimbra Editora, L.da, 1993.

MIRANDA, Jorge — **Manual de Direito Constitucional,** V, Coimbra, Coimbra Editora, L.da, 1997.

MIRANDA, Jorge — *Tribunais, juízes e constituição*, **Revista da Ordem dos Advogados,** Lisboa, Janeiro de 1999, ano 59, I, pp. 5-28.

MORAIS, Amadeu — *As incompatibilidades: fundamentos deontológicos e legais*, in **Terceiro Congresso dos Advogados Portugueses — Relatórios e Comunicações,** Porto, 25, 26, 27 e 28 de Outubro de 1990, pp. 150-156.

MORAIS, Isaltino, ALMEIDA, José Mário Ferreira, e PINTO, Ricardo Leite — **Constituição da República Portuguesa Anotada,** Lisboa, Rei dos Livros, 1983.

MORGADO, Mário Belo — *Qualidade, legitimação democrática e independência da Justiça,* **Renovar — a Justiça em Revista,** Outubro de 1995, n.º 2, pp. 12-16.

MOTA, J. A. Carmona da — *Justiça: um ano de crise,* **Sub Judice — Justiça e Sociedade,** Setembro/Dezembro de 1992, n.º 4, pp. 27-32.

MULLERAT, Ramon — *A advocacia na Europa de hoje,* **Boletim da Ordem dos Advogados,** Janeiro/Março de 1996, n.º 1, III, pp. 10-13.

MURILLO, Pablo Lucas de la Cueva — *Modelos de gobierno del poder judicial,* **Boletim Informativo do Conselho Superior da Magistratura,** Abril de 1994, n.º 2.

NASCIMENTO, Luís Noronha — *O Conselho Superior da Magistratura e a próxima revisão constitucional,* **Tribuna da Justiça,** Julho/Agosto de 1988, n.ºs 43/44, pp. 3 -10.

NEVES, Alfredo Castanheira — *O Estatuto da Ordem dos Advogados — questões polémicas,* **Revista da Ordem dos Advogados,** Lisboa, Julho de 1992, ano 52, II, pp. 831-847.

NEVES, Eduarda Marques — *A deontologia profissional,* **Boletim da Ordem dos Advogados,** Junho de 1983, n.º 15, pp. 22-27; **Boletim da Ordem dos Advogados,** Julho de 1983, n.º 16 (continuação do número anterior), pp. 22-27.

PICANÇO, Melchiades — **A força Eterna do Direito,** S. E., 1996.

PICARDI, Nicola e SHETREET, Shimon — *Rapport général sur l'independence et la responsabilité des juges et des avocats,* **IX Congresso Mundial de Direito Judiciário (subordinado ao tema do papel e da organização de magistrados e advoga-**

dos nas sociedades contemporâneas), I (relatórios gerais), Associação Internacional de Direito Judiciário, Coimbra-Lisboa, 23 a 31 de Agosto de 1991, pp. 113-144.

PINHEIRO, Rui e MAURÍCIO, Artur — **A Constituição e o Processo Penal,** Lisboa, Livraria Petrony, 1976.

PIZZORUSSO, Alessandro — *A experiência italiana do Conselho Superior da Magistratura,* **Revista do Ministério Público,** Abril/Junho de 1996, ano 17, n.º 66, pp. 25-38.

PORTELA, Ilime — *A deontologia e as incompatibilidades no exercício da profissão, in* **Terceiro Congresso dos Advogados Portugueses — Relatórios e Comunicações,** Porto, 25, 26, 27 e 28 de Outubro de 1990, pp. 157-163.

PROCURADORIA-GERAL DA REPÚBLICA — **Pareceres — Princípios Fundamentais e Princípios Gerais dos Direitos e Deveres Fundamentais,** I, Fernando João Ferreira Ramos — parecer n.º 116/88, votado em 21 de Março de 1991, pp. 198-251.

PROJECTO DO ESTATUTO DA ORDEM DOS ADVOGADOS — *Reforma do Estatuto Judiciário: Estatuto dos Advogados Portugueses,* **Boletim da Ordem dos Advogados** (suplemento), Janeiro de 1983, n.º 10 (não paginado).

RANGEL, Paulo Castro — *O princípio da taxatividade das incompatibilidades (para uma leitura constitucional dos preceitos deontológicos sobre incompatibilidades),* **Revista da Ordem dos Advogados,** Lisboa, Dezembro de 1994, ano 54, III, pp. 779-797.

RAPOSO, Mário — *Sobre o direito e a liberdade,* **Revista da Ordem dos Advogados,** Lisboa, 1977, Janeiro/Abril, ano 37, I, pp. 69-90.

RAPOSO, Mário — *Os Direitos do Homem. Uma nota breve,* **Revista da Ordem dos Advogados,** Lisboa, 1977, Maio/Agosto, ano 37, II, pp. 415-421.

RIBEIRO, Vinício — **Constituição da República Portuguesa,** Coimbra, Almedina, 1993.

RIVELLO, Pier Paolo — **L'incompatibilità del giudice penale,** Milano, Dott. A. Giuffrè Editore, 1997.

RODRIGUES, Álvaro da Cunha Gomes — *O poder judicial na perspectiva da futura revisão constitucional,* **Boletim Informativo** do **Conselho Superior da Magistratura,** Dezembro de 1994, n.º 4 (não paginado).

RODRIGUES, José Narciso da Cunha — *Modelos de governo do poder judicial: alternativas,* **Revista do Ministério Público,** Abril/ Junho de 1994, ano 15, n.º 58, pp. 11-44.

RODRIGUES, José Narciso da Cunha — **Lugares do Direito,** Coimbra, Coimbra Editora, L.ᵈᵃ, 1999.

ROGEIRO, Nuno — *Independência, in* **Polis, Enciclopédia da Sociedade e do Estado,** III, Lisboa/São Paulo, Editorial Verbo, 1985, pp. 492-501.

SAMPAIO, Jorge — *O papel do advogado na sociedade portuguesa, in* **Conclusões do I Congresso Nacional dos Advogados,** Lisboa, Ordem dos Advogados Portugueses, 1973, pp. 43-50.

SEABRA, João — *Deontologia, in* **Polis, Enciclopédia da Sociedade e do Estado,** II, Lisboa/São Paulo, Editorial Verbo, 1984, pp. 106 -110.

SILVA, Germano Marques da — *A fundamentação das decisões judiciais: a questão da legitimidade democrática dos juízes,* **Direito e Justiça,** 1996, vol. X, II, pp.15-35.

SILVA, Germano Marques da — **Curso de Processo Penal,** I, Lisboa, Editorial Verbo, 1993.

SILVA, J. Andrade — *Ordem dos Advogados, in* **Textos de Apoio à Advocacia do Centro Distrital de Estágio do Porto,** I, Ordem dos Advogados, Porto, 1994, pp. 1-47.

SOUSA, Marcelo Rebelo de — **O Valor Jurídico do Acto Inconstitucional,** Lisboa, S. E., 1988.

SOUSA, Marcelo Rebelo de — *Regime jurídico de incompatibilidades e impedimentos dos titulares de cargos políticos e altos cargos públicos,* **Revista de Direito Público,** Janeiro/Junho de 1995, ano VIII, n.º 15, pp. 9-14.

TAISNE, Jean-Jacques — **La déontologie de l'avocat,** Paris, Dalloz, 1997.

THOMAZ, Fernão Fernandes — *O valor da independência dos tribunais judiciais,* **Boletim da Ordem dos Advogados,** Outubro/ Dezembro de 1993, ano 5, III, n.º 4, p. 21.

THOMAZ, Fernão Fernandes — *Da irresponsabilidade à responsabilização dos juízes*, **Revista da Ordem dos Advogados,** Lisboa, Julho 1994, ano 54, II, pp. 489-503.

TORRES, Mário — *Imparcialidade do julgador — ofensas contra juízes — inconstitucionalidade do art. 116.º do Código de Processo Penal,* **Revista do Ministério Público,** Julho/Setembro de 1987, ano 8, n.º 31, pp. 123-138.

VAL, José Maria Martínez — **Abogacía y Abogados — Tipología profesional — Lógica y Oratoria forense — Deontologia jurídica,** 3.ª ed., Barcelona, Bosch, Casa Editorial, S. A., 1993.

VAL, José Maria Martínez — **Ética de la Abogacía,** 2.ª ed., Barcelona, Bosch, Casa Editorial, S. A., 1996.

VICENTE, Abraão — *Incompatibilidades de advogados: o rei vai nu ou passe de mágica por decreto-lei,* **Revista da Ordem dos Advogados,** Lisboa, Abril de 1993, ano 53, I, pp. 185-200.

VIDAL, Duarte — *Deontologia profissional, in* **Conclusões do I Congresso Nacional dos Advogados,** Lisboa, Ordem dos Advogados Portugueses, 1973, pp. 11-14.

ÍNDICE

	Pág.
PREFÁCIO	5

CAPÍTULO I
INTRODUÇÃO 9

CAPÍTULO II
A FUNÇÃO JURISDICIONAL E O PRINCÍPIO DA IMPARCIALIDADE 13

CAPÍTULO III
O CONSELHO SUPERIOR DA MAGISTRATURA 23

CAPÍTULO IV
A IMPARCIALIDADE JUDICIAL AMEAÇADA 33

CAPÍTULO V
A QUESTÃO DA CONSTITUCIONALIDADE DOS ARTIGOS 53.º E 54.º DO EOA 45

CAPÍTULO VI (CONT.)
NATUREZA DOS PRECEITOS ESTATUIDORES DE INCOMPATIBILIDADES E IMPEDIMENTOS DO ESTATUTO DA ORDEM DOS ADVOGADOS 53

CAPÍTULO VII
A VIOLAÇÃO DOS DEVERES DEONTOLÓGICOS PREVISTOS NO CAPÍTULO V DO EOA 65

CONCLUSÕES 79

NOTAS BIBLIOGRÁFICAS 87

ÍNDICE DE JURISPRUDÊNCIA DO TRIBUNAL CONSTITUCIONAL 91

ÍNDICE DE JURISPRUDÊNCIA, PARECERES E DOCUMENTOS DE TRABALHO DOS ÓRGÃOS DA ORDEM DOS ADVOGADOS 95

ÍNDICE DE LEGISLAÇÃO E TRABALHOS PREPARATÓRIOS 99

BIBLIOGRAFIA 103